孔子自然观初论

孙关龙●著

海天出版社（中国·深圳）

图书在版编目（CIP）数据

孔子自然观初论 / 孙关龙著. — 深圳：
海天出版社，2016.12
（自然国学丛书）
ISBN 978-7-5507-1698-8

Ⅰ. ①孔… Ⅱ. ①孙… Ⅲ. ①孔丘（前551-前479）
－自然哲学－研究 Ⅳ. ①B222.25

中国版本图书馆CIP数据核字(2016)第159613号

孔子自然观初论

Kongzi Ziranguan Chulun

出 品 人　聂雄前
出版策划　尹昌龙
丛书主编　孙关龙　宋正海　刘长林
责任编辑　秦　海
责任技编　蔡梅琴
封面设计　风生水起

出版发行　海天出版社
地　　址　深圳市彩田南路海天综合大厦（518033）
网　　址　www.htph.com.cn
订购电话　0755－83460293（批发）　83460397（邮购）
设计制作　深圳市同舟设计制作有限公司　Tel：0755－83618288
印　　刷　深圳市新联美术印刷有限公司
版　　次　2016年12月第1版
印　　次　2016年12月第1次
开　　本　787mm×1092mm　1 / 16
印　　张　11.5
字　　数　191千
定　　价　38.00元

总 序

　　21世纪初，国内外出现了新一轮传统文化热。人们以从未有过的热情对待中国传统文化，出现了前所未有的国学热。世界各国也以从未有过的热情学习和研究中国传统文化，联合国设立孔子奖，各国雨后春笋般地设立孔子学院或大学中文系。显然，人们开始用新的眼光重新审视中国传统文化，认识到中国传统文化是中华民族之根，是中华民族振兴、腾飞的基础。面对近几百年以来没有过的文化热，这就要求我们加强对传统文化的研究，并从新的高度挖掘和认识中国传统文化。我们这套《自然国学》丛书就是在这样的背景下应运而生的。

　　自然国学是我们在国家社会科学基金项目"中国传统文化在当代科技前沿探索中如何发挥重要作用的理论研究"中提出的新研究方向。在我们组织的坚持20余年约1000次的"天地生人学术讲座"中，有大量涉及这一课题的报告和讨论。自然国学是指国学中的科学技术及其自然观、科学观、技术观，是国学的重要组成部分。长久以来由于缺乏系统研究，以致社会上不知道国学中有自然国学这一回事；不少学者甚至提出"中国古代没有科学"的论断，认为中国人自古以来缺乏创新精神。然而，事实完全不是这样的：中国古代不但有科学，而且曾经长时期地居于世界前列，至少有甲骨文记载的商周以来至17世纪上半叶的中国古代科学技术一直居于世界前列；在公元3世纪至15世纪，中国科学技术则是独步世界，占据世界领先地位达千余年；中国古人富有创新精神，据统计，在公元前6世纪至公元1500年的2000多年中，中国的技术、工艺发明成果约占全世界的54%，现存的古代科学技术知识文献数量，也超过世界任何一个国家。因此，自然国学研究应是21世纪中国传统文化一个重要的新的研究方向。对它的深入研究，不仅能从新的角度、新的高度认识和弘扬中国传统文化，使中国传统文化获得新的生命力，而且能从新的角度、新的高度认识和弘扬中国传统科学技术，有助于当前的科技创新，有助于走富有中国特色的科学技术现代化之路。

本套丛书是中国第一套自然国学研究丛书。其任务是：开辟自然国学研究方向；以全新角度挖掘和弘扬中国传统文化，使中国传统文化获得新的生命力；以全新角度介绍和挖掘中国古代科学技术知识，为当代科技创新和科学技术现代化提供一系列新的思维、新的"基因"。它是"一套普及型的学术研究专著"，要求"把物化在中国传统科技中的中国传统文化挖掘出来，把散落在中国传统文化中的中国传统科技整理出来"。这套丛书的特点：一是"新"，即"观念新、角度新、内容新"，要求每本书有所创新，能成一家之言；二是学术性与普及性相结合，既强调每本书"是各位专家长期学术研究的成果"，学术上要富有个性，又强调语言上要简明、生动，使普通读者爱读；三是"科技味"与"文化味"相结合，强调"紧紧围绕中国传统科技与中国传统文化交互相融"这个纲要进行写作，要求科技器物类选题着重从中国传统文化的角度进行解读，观念理论类选题注重从中国传统科技的角度进行释解。

由于是第一套《自然国学》丛书，加上我们学识不够，本套丛书肯定会存在这样或那样的不足，乃至出现这样或那样的差错。我们衷心地希望能听到批评、指教之声，形成争鸣、研讨之风。

《自然国学》丛书主编

2011年10月

目　录

前　言

　　2500年来，孔子的研究在中国一直是一门显学，近30年来则呈现愈来愈热的趋势，且从国内扩展到国外。人们研究孔子的政治观、经济观、伦理观、道德观、法学观、文艺观、教育观、文学观，乃至体育观、音乐观等，林林总总，洋洋大观，著作数以万计，构成了厚重的孔子学（或称孔学）。然而，孔子自然观研究的著作，一直处于空白状态。

　　自然观是"人们对自然界的总的认识。大致包括人们关于自然的本原、演化规律、结构以及人与自然的关系等方面的根本看法"[①]。由于对孔子自然观研究的千年缺失，学术界和社会上至今对孔子和孔子思想存在一系列的曲解和误识。例如，约200年前的德国著名哲学家黑格尔说："孔子只是一个实际的世间智者，在他那里思辨的哲学是一点也没有的——只有一些善良的、老练的、道德的教训，从这里面我们不能获得什么特殊的东西"[②]。现代中国著名哲学家冯友兰等认为："孔子所说的天，基本上仍然是当时的传统的宗教所说的天、帝或上帝，是宇宙最高的主宰"；孔子不仅认为"自然界的事情是受上帝的命令支配的"，而且认为"人的生死、贫富、贵贱，以及成功、失败，都是由天命决定的"[③][④]。当今反映中国学术界观点的权威书籍《中国大百科全书》《辞海》等说："孔子有时把天看

---

① 《中国大百科全书·哲学》卷.第1258页.北京：中国大百科全书出版社.1987.
② 德国 黑格尔.《哲学演讲录》.第1卷.第119页.上海：上海人民出版社.2013.
③ 林存光.《孔子新论》.第217～218页.北京：人民出版社.2012.
④ 冯友兰.《中国哲学史新编》.上册.第171～177页.北京：人民出版社.1998.

作是有意志的主宰，有时也把天看作自然的天；把命理解为包含异己的、不可知因素的东西"①②。现今世界上权威的学术性刊物、英国的《自然》杂志发表文章说：孔子思想"阻碍中国科学发展"，传统文化"使中国社会产生科学上的空白"③。自然观是"人们对整个世界认识的基础，因而任何一种系统的哲学必然包含与之相适应的系统的自然观"④。孔子作为人类伟大的思想家、哲学家，怎么会没有与之相适应的自然观？中国传统文化的本质是生态文化，中国传统哲学的核心是生命哲学。作为中国传统文化、传统哲学奠基人的孔子，怎么会没有自然观？诚如有的研究家所指出的："一般认为，孔子在人性论方面并没有'留下什么重要的见解'，其言天言命亦极含混，果真如此，则孔子何以成其为一个重要的思想家？"⑤孔子研究亟须创新，亟待突破。

笔者带着上述问题，重读《论语》，从中发现："子在川上，曰：'逝者如斯夫！不舍昼夜'"⑥"四时行焉，百物生焉，天何言哉"⑦"道之将行也与，命也；道之将废也与，命也"⑧等天道自然观；"工欲善其事，必先利其器"⑨等技术观；"知之为知之，不知为不知"⑩等科学观。于2004年在"天地生人学术讲座"发表《孔子自然观》的演讲⑪，次年发表《重读〈论语〉，重识孔子》文章⑫，

---

① 《中国大百科全书》.第二版.第13卷.第125页；第22卷.第141页.北京：中国大百科全书出版社.2009.
② 《辞海》.第六版缩印本.第1046、1862页.上海：上海辞书出版社.2010.
③ 官鹏.《传统文化阻碍中国科学研究》.载《自然》2012年1月26日（第481期）.
④ 《中国大百科全书·哲学》卷.第1258页.北京：中国大百科全书出版社.1987.
⑤ 林存光.《孔子新论》.第202页.北京：人民出版社.2012.
⑥ 《论语·子罕》.
⑦ 《论语·阳货》.
⑧ 《论语·宪问》.
⑨ 《论语·卫灵公》.
⑩ 《论语·为政》.
⑪ 孙关龙.《孔子自然观》（演讲）."天地生人学术讲座"第596讲.2004年7月18日.于中国科学院自然科学史研究所（北京）.
⑫ 孙关龙.《重读〈论语〉，重识孔子》.载《科学》2005年第5期.

并一直不间断地寻找、挖掘、整理孔子自然观方面的素材，终于在2016年完成本书。

本书偏重于孔子自然观方面材料的挖掘和系统的整理，对孔子自然观在理论上的全面、系统、深入的探讨，容笔者下一步再做。本书的章、节结构先后五易其稿，最终决定采用现书的章、节结构：敬天、亲地、乐水、尊山、崇生、重技艺、尚俭、把仁爱推广到自然界、中国传统文化的根基九章。即尽可能地运用孔子的原话或原意，作为章、节的标题；而且对引文，凡笔者查阅到一个以上出处者，也尽可能地都给予标明。这样做，便于广大读者的阅读和监督，便于发现本书的不足和问题；亦有益于孔子的研究家更快更好地进入孔子自然观这个研究领域。这个领域太需要更多的专家投入，加强其研究。

本书挖掘了一批孔子自然观方面的新材料，对不少材料在前人释解的基础上给予了全新的注释。它是中国和世界上第一部较为系统论述孔子自然观的书籍，故而取名为《孔子自然观初论》。

本书的索引仿效国外优秀学术著作的做法，很多说明项给予了必要的简述；出处项对同一主题词不同内容的出处都尽可能地给予标示，以有助于读者的阅读和查检。

鉴于本书是第一次较为系统地论述孔子的自然观，加之成书时间仓促，因而许多论述会有不成熟、欠妥乃至不当之处。恳请广大读者和孔子研究家不吝指教。

　　笔者在搜集、整理孔子数十条敬天材料中，深感孔子敬天之情的真切、深厚，其真切之情、深厚之情可以说达到无以复加的地步。所以，该章的章题笔者未用"论天""探天""谈天""则天（指按天的规律办）""顺天（顺应上天）"等词语，而用"敬天"一词，即崇敬上天、敬畏上天。

　　从这么多材料中，笔者发现：孔子的天，不是盲目崇拜和畏惧的天，也不是一些学者所认为的仍是"宗教所说的天""是宇宙最高的主宰""非自然的天"①等。他首先肯定天或天道的客观性（"四时行焉，百物生焉，天何言哉"②）；进而赞颂"天无私"③；指出"巍巍乎，唯天为大"④；告诫人们"获罪于天，无所祷也"⑤（不按天道办事，怎么祷告都无济于事，或说天道是客观存在，遭受天道的惩罚人为的祷告是改变不了的）；而且，孔子似已认识到"物之难矣……数之理也"⑥（客观事物太难把握了……这是客观的规律），因此他认为唯有"畏天命"者⑦，才能立于不败之地，才是真正的"君子"；更可贵的是他在"天之生物"中，看到"栽者"（适宜生长者）、"倾者"⑧（不适宜生长者）；孔子还常以"知我者其天乎"⑨，安抚、激励自己，充分展示他在逆境中不屈不挠、积极向上的人生理念。本章以上述七个方面分为七节（顺序有所不同），叙述孔子较为系统的敬天观。

① 林存光.《孔子新论》.第217页.北京：人民出版社.2012.
② 《论语·阳货》.
③ 《礼记·孔子闲居》.
④ 《论语·泰伯》.
⑤ 《论语·八佾》.
⑥ 《说苑·复恩》.
⑦ 《论语·季氏》.
⑧ 《礼记·中庸》.
⑨ 《论语·宪问》.

一、四时行焉，百物生焉，天何言哉

在《论语·阳货》篇中，刊载了孔子说的极为透彻明了的一句哲理性话：天说了什么话呢？四季照样运转，万物依然生长，天不用说什么话（"天何言哉？四时行焉，百物生焉，天何言哉！"）。它表达了孔子清晰的天道自然观：天是按客观规律运转的，表现为春、夏、秋、冬四季交替自然地运行，万物生育、成长、衰老、死亡自然地演进。孔子曾经指出：上天有什么可以思虑和担忧的呢？太阳下落，则月亮升起；月亮落降，则太阳出来，日月交替产生光明。寒冷消退，则暑热来临；暑热过去，则寒冷要来，寒暑交替形成年岁。往者退缩，来者伸展，屈伸交替中万物生长。尺蠖（蛾的幼虫）收缩，为求得伸展；龙蛇蛰伏（冬眠），为保存生命……探究事物的奥秘，认识变化的规律，则是最为崇高的德行（"天下何思何虑？日往则月来，月往则日来，日月相推而明生焉。寒往则暑来，暑往则寒来，寒暑相推而岁成焉。往者屈也，来者信也，屈信相感而利生焉。尺蠖之屈，以求信也；龙蛇之蛰，以存身也……穷神知化，德之盛也"[①]）。孔子还富有哲理地说："天无二日"[②]（天上不可能有两个太阳）；太阳到了天中便开始西斜，月亮到盈圆时刻便开始蚀缺，天地盈满了便开始缺失，一切都按照一定的时节此消彼长（"日中则昃，月盈则食，天地盈虚，与时消息"[③]）；客观事物太难把握了，无论大小多少，各有喜怨善恶，这是客观的规律。人要掌握它，关键是对客观规律的认识和利用（"物之难矣，小大多少，各有怨恶，数之理也。人而得之，在于外假之也"[④]）。

---

① 《周易·系辞下》.
② 《孟子·万章上》.
③ 《说苑·敬慎》.
④ 《说苑·复恩》.

　　类似上述的观点和言论，在许多其他古籍中都有记录。例如《礼记·哀公问》记有鲁国国君哀公问孔子：君子怎么如此看重天道？孔子答曰：贵在它永无止息，如日月相从，由东到西或从西至东运行不止，这是天道；它持久运行，从不停闲，这是天道；它无为而治，让万物自由地生长，这是天道；万物生成，各有其规律，这是天道（公曰："敢问君子何贵乎天道也？"孔子对曰："贵其不已。如日月东西相从而不已也，是天道也；不闭其久，是天道也；无为而物成，是天道也；已成而明，是天道也"）。又如，孔子说：天分四季，春生、夏长、秋收、冬藏，风霜雨露化育万物，这全不是教化的结果；大地载育万物的精神气，气造就风雨雷雪，风雨雷雪运行，万物生长发育，这也全不是教化的产物。圣人清明有德，意志坚定，做事如神，当他希望一展宏图之时必有一个好的开端。类似上天能降下及时雨，山川间能孕育出瑞云（"天有四时，春秋冬夏，风雨霜露，无非教也。地载神气，神气风霆，风霆流形，庶物露生，无非教也。清明在躬，气志如神，嗜欲将至，有开必先。天降时雨，山川出云"①）。再如，孔子提出：上天发出光明，值得称赞，感激上天的恩施；大地繁殖万物，值得赞颂，感激大地的恩惠；人们欢乐生活，值得庆贺，这是民众的幸福。这样，民众的活动便不会超越社会的法则，民众的悲忧也不会超出应有的道德范畴，内外表里都合乎礼节时宜，形成万物顺利生长、繁殖昌盛的局面。上天生出万物，大地养育万物，万物兴盛，而又节用者，则为圣人（"天曰作明，曰与，惟天是戴；地曰作昌，曰与，惟地是事；人曰作乐，曰与，惟民是嬉。民之动能，不远厥事；民之悲色，不远厥德。此谓表里时合，物之所生，而蓄昌之道如此。天生物，地养物，物备兴而时用常节，曰圣人"②）。还如，孔子正确地指出：以为上天至为光明而不可能被遮蔽吗？然而，它会发生日食！以为大地至为安稳而不可能有危险吗？然而，它会发生地震。天地尚有地震、日食之时，所以即使在圣贤

①《礼记·孔子闲居》.
②《大戴礼记·诰志》.

之世亦会有大道难以实行之时，乃至频繁发生各种灾害和异常（"天以至明为不可蔽乎？日何为而食？地以至安为不可危乎？地何为而动？天地而尚有动蔽，是故贤圣说于世而不得行其道，故灾异并作也"①）。

以上可见，孔子的天是非宗教的"天"，是非上帝的"天"，而是自然的天。他的天道自然观是坚定的，而且从天讲到地，进而又系及人事，构成了孔子完整的天道观，即人天合一自然观。

二、天无私

孔子对人的称赞是很慎重的、很有分寸的。然而，孔子对天、地、山、水等自然的赞语却是热烈而有深度的。

孔子曰："有天德，有地德，有人德，此谓三德。三德率行，乃有阴阳"，"天道以视，地道以履，人道以稽。废一曰失统，恐不长飨国"②；又曰"率天如祖地，能用民德，是以高举不过天，深虑不过地，质知而好仁，能用民力。此三常之礼明，而民不塞""敛此三者而一举之，戴天履地，以顺民事"③。

这里前两句话是说：遵行三德，才有阴阳，才有各种事物。天道是垂示天象，地道是可以践履，人道是能够思维，三道缺一都会失去纲纪，便很难长久地享有国家。后两句话则为：遵从上天，效法大地，民众就会有善德。高比不上天，深超不过地，以智为本，施行仁德，民众便会自觉地效力于国家。这三常（率天、祖地、民德）之礼明确了，民众就不会遭受困苦。这三者（天、地、人）一并施行，上顶着天，下踏着地，民事就和顺了，天下太平。在这里，无论是"三德"，还是"三道""三常""三者"，天都是第一位。

---

① 《说苑·至公》
② 《大戴礼记·四代》.
③ 《大戴礼记·虞戴德》.

孔子曾用《诗经·小雅·正月》中的两句话来表示他对天的崇敬："《诗》曰：'谓天盖高，不敢不跼。谓地盖厚，不敢不蹐。'此之谓也"[①]。其意是说：高，莫过于天，我对天不敢不曲身以恭；厚，莫过于地，我对地不敢不以碎步敬重。乃至他赞誉天"无私"，具体是这样说的："天无私覆，地无私载，日月无私照，奉斯三者以劳天下，此之谓三无私"[②]。用现代话说：上天毫无私心地覆盖了一切，大地毫无私心地承载一切，日月毫无私心地普照一切。奉行这三种品德以安抚天下，便称为三无私。他还把天比喻为人之父，说"天之与人，犹父子"[③]。

三、巍巍乎，唯天为大

在孔子眼中，天不但是客观存在的，是按天道即规律运转的，是无私地运行的，而且是"巍巍乎，唯天为大"，即天道最大，最为重要。在《论语·泰伯》篇中，孔子曰："巍巍乎，唯天为大。唯尧则之"（巍然高大啊！唯天为大，唯有尧帝能够以天为法则）。在《孟子·滕文公上》中，记有孔子类似的表述："大哉！尧之为君。唯天为大，唯尧则之。荡荡乎，民无能名焉！"（伟大呀，帝尧之君。但是最伟大的则是天，也只有尧帝才能效法天则行事。尧帝的圣德浩荡无垠，百姓都不知道怎样来称颂他）。在《孔子家语·五帝德》和《大戴礼记·五帝德》中，都记载孔子曰："予大者，如天。"

孔子称颂黄帝："以顺天地之纪……时播百谷草木……节用水火材物"（顺应天地运行的规则……教百姓按季节播种谷物，栽种果木蔬菜……节俭使用水、火等材物）。他表彰颛顼帝："养材以任地，履时

[①]《说苑·敬慎》.

[②]《礼记·孔子闲居》.

[③]《论衡·雷虚》.

以象天……动静之物，大小之神，日月所照，莫不祗励"（依据地力种植五谷果蔬，遵循时令来效法上天……无论是动物、植物，无论是大神、小神，凡日月照到的地方，无不敬服和自勉）。他颂扬帝喾："顺天之义，知民之急……取地之财而节用之，抚教万民而利诲之，历日月而迎送之"（顺从上天的法则，知晓民众的急困……取自地上的材物而节制使用，安抚教化百姓，让他们得到财物和教育，观察日月的出入而按时迎送）。他称赞帝尧："其仁如天，其知如神，就之如日，望之如云。富而不骄，贵而不豫……四时先民治之……其言不贰，其行不回"（仁德如天，智慧如神，近看如太阳，远望如云彩。富而不骄，贵而不逸……按四季农时治理民众……说一不二，行动坚决）。他赞扬帝舜："宽裕温良，敦敏而知时，畏天而爱民，恤远而亲亲……其言不惑，其德不匿，举贤而天下平"①（性格宽厚温良，敦厚勤勉，顺应天时，敬畏上天，挚爱民众，即使是远处边民也一样地安抚、亲爱……言语明晰，品德无邪，选贤用才，天下太平）。孔子称颂五帝的内容各不相同，所用的言语也不尽相同，但是它们都离不了"遵天爱民"这个主题。无论是说"顺天""象天"，还是"如天""畏天"，其意都是遵从天道。

而且，在"天德""地德""人德"中，孔子把"天德"放在首位②；在"天政""地政""人政"中，孔子把"天政"放在首位③；在"天事""地事""人事"中，孔子把"天事"放在首位④；在"天作""地作""人作"中，孔子把"天作"放在首位⑤。更为重要的是在"天道""地道""人道"中，孔子把"天道"放在首位，说："天道以视，地道以履，人道以稽。废一曰失统，恐不长飨国"⑥（天道垂于

---

① 《大戴礼记·五帝德》.
②⑥ 《大戴礼记·四代》.
③ 《大戴礼记·少闲》.
④ 《大戴礼记·虞戴德》.
⑤ 《大戴礼记·诰志》.

天象，地道可以践履，人道能够思维，三者缺一则是丢失纲纪，一个国家便很难长久平安）。这些内容充分表达了孔子对《周易》"天地人"三才论的继承和发展，并且始终把天或天道列为首位，这不是偶然的，而是孔子天道自然观思想的重要体现。

四、获罪于天，无所祷

按不按"天道"（上天的客观规律）办事，结果是截然不同的。这方面，孔子的论述相当多。孔子曰："天地之经而民是则之。则天之明，因地之利，以顺天下，是以其教不肃而成，其政不严而治"①（人们应该遵循天地的规律。效法上天之光明，利用大地的资源，以此顺应天下民心。这样的教化不必肃穆而有成效，这样的治政也不必严苛而有实绩）；"天地成则庶物时，庶物时则民财敬，民财敬以时作，时作则节事，节事以动众"②（天地顺利地运行，万物能按时生长；万物按时生长，能让民众财富不断增长；民众不断地增财，便能按时劳作；按时劳作，又节俭办事，便能随时动员民众）；"天作仁，地作富，人作治，乐治不倦，财富时节，是故圣人嗣则治"③（上天施仁，大地生财，人类讲治，乐而有治则不会厌倦，且能按时节增添财富，这是圣人的天下有治）；"先清而后浊者，天地也。天政曰正，地政曰生，人政曰辨。苟本正，则华英必得其节以秀乎矣"④（先清阳而后浊阴，这即是天地的关系。上天的职责是一切归正，大地的责任是让万物生长，人的职责是使社会有序。犹如树的根干没问题，其花、果必然会按季节开放、结果），等等。

不按天道甚至违反天道办事，便会"天地不合，万物不生"⑤，以

①《孝经》.
②③《大戴礼记·诰志》.
④《大戴礼记·少闲》.
⑤《礼记·哀公问》.

至害民，遭受惩罚。孔子曾严肃地指出："天事曰明，地事曰昌，人事曰比，两以庆。违此三者，谓之愚民。愚民曰奸，奸必诛"①（按天道办事结果光明，按地道办事万物昌盛，人事应该参照天、地两道，与天地同善、同庆。违反这三者，损害民众的利益即为愚民，愚民称之为奸，奸者必然受到惩罚）。而且是"获罪于天，无所祷也"②（不按天道办事，得罪了上天，怎么祷告全都是无用的），乃至导致"万物不生"。

更为可贵的是孔子已认识到：客观事物有时是很难把握的，无论是大小，还是多少，各有喜怒善恶的结果，这都是客观的规律；人要掌握它，全靠对这些外在客观规律的认识和利用（"物之难矣，小大多少，各有怨恶，数之理也。人而得之，在于外假之也"③）。从中可见，孔子已对事物的复杂性和认识的艰巨性，以及人类掌握事物的前景及其途径，都作出精辟的论述。这些论述，历经2500多年，至今仍有价值；亦充分说明，孔子说"获罪于天，无所祷也"，是有厚实的天道自然观理论依据的。

五、知我者其天乎

孔子在天道自然观的基础上，还"把天看作是人的精神力量的外在形式，他认为天是他唯一的理解者"④。当然，他并不指望天能给他带来什么。《论语·宪问》记有这么一段话：一次孔子很感慨地说：没有人了解我啊！弟子子贡问道：为什么说没有人了解您呢？孔子继续说：不怨上天，不怪他人，努力学习懂得了许多高深道理，了解我的唯有

---

① 《大戴礼记·虞戴德》.
② 《论语·八佾》.
③ 《说苑·复恩》.
④ 吴龙辉.《孔子语录全编·略说孔子》.第6页.北京：北京图书馆出版社.2007.

天者（"子曰：'莫我知也夫！'子贡曰：'何为其莫知子也？'子曰：'不怨天，不尤人，下学而上达，知我者其天乎！'"）但是，当孔子遇到危困的时候，他总是从上天那里寻找信念和力量。据《史记·孔子世家》记载，鲁定公十三年（公元前497年），55岁的孔子弃官离鲁，开始长达14年的颠沛流离生涯，先至卫国，次年"将适陈，过匡"。匡邑原属卫地，后由郑国占领（匡邑位今河南睢县西南，另说位今河南长垣县西南①）。鲁国的阳虎（又称阳货）曾率兵侵掠过匡地，匡人一直妒恨于今，见"孔子状类阳虎"，便把孔子拘禁起来，被冲散的随行学生很是担心老师的安全。孔子却很有自信地说："文王既没，文不在兹乎？天之将丧斯文也，后死者不得与于斯文也。天之未丧斯文也，匡人其如予何？"②（文王既死，文化的传承不是在我这里吗？如果上天要消除这个文化，我便不会掌握它了。如果上天没有打算消除这个文化，匡人又能将我怎么样呢？）后来匡人消除了误会，放了孔子。

又据《史记·孔子世家》记录，鲁哀公二年（公元前493年）孔子59岁，他去曹适宋，与弟子一起习礼于大树下。宋国司马桓魋（tuí）欲杀孔子，拔掉习礼的大树，弟子们都说，快逃啊！孔子却大无畏地说："天生德于予，桓魋其如予何？"③（"上天生就了我不屈的品质，桓魋能把我怎么样？"）

同时，孔子认为：一个有德的人不见得有好的命运，而一个命运好的人也不见得有德。也即是说，天不会依据人的德行来安排或改变人的命运④。他的学生伯牛德行很高，是孔子学生中四位德行楷模中的一位⑤。然而，伯牛却得了恶疾，在病危之际，孔子不顾传染的危险去看望他，从窗户处握住其手，十分沮丧地说："亡之？命矣夫！斯人也而有斯疾也！斯人也而有斯疾也！"⑥（怎么没救了呢？命也！这么好的人

①魏嵩山主编.《中国历史地名大辞典》.第384页.广州：广东教育出版社.1995.
②亦见《论语·子罕》.
③亦见《论语·述而》.
④吴龙辉.《孔子语录全编·略说孔子》.第6页.北京：北京图书馆出版社.2007.
⑤《史记·仲尼弟子列传》.
⑥《论语·雍也》.

怎么会患上这么恶的疾病！这么好的人怎么会患上这么恶的疾病！）此处的"命"字，是在"亡之"之后，即指病重无法救治之后必然死亡这个不以人的意志为转移的客观规律，类同"道之将行也与，命也；道之将废也与，命也"①中的"命"字。

六、天之生物有栽者、倾者

孔子在充分肯定天道客观性、天生万物功能的基础上，深入地、卓有远见地观察到天生的万物是有很大差异的；有适应者（栽者），能得到厚泽，加倍发展；有不适应者（倾者），则逐步走向覆亡。孔子的原话是这样说的："故天之生物，必因其材而笃焉，故栽者培之，倾者覆之"②。即说：上天滋养万物，不同生物必根据其材性产生不同的结果，适应者会加倍发展，不适应者就会自然倾亡。

孔子对万物依据其材性不同而加以区别对待的思想，不但表现在天生万物上，也表现在大地养育万物上。他在鲁定公十年（公元前500年）担任鲁国司空一职后，曾提出"别五土之性，而物各得其所"③。他一再强调，不是任何一块土地都可以滋养任何一种生物的，"非其地而树之，不生也"④，因此应该"因地之利，以顺天下"⑤。孔子的"栽者培之，倾者覆之"和"别五土之性，而物各得其所"的思想，是很先进的生态思想，亦是至今富有价值的科学理念。它促进了当时农业、林业、畜牧业的发展，也为战国时期经典科学文献《管子·地员》篇等的问世创造了条件。

---

① 《论语·宪问》.
② 《礼记·中庸》.
③ 《孔子家语·相鲁》.
④ 《说苑·杂言》.
⑤ 《孝经》.

七、畏天命

　　孔子在《论语·季氏》中指出："君子有三畏：畏天命，畏大人，畏圣人之言。小人不知天命而不畏也，狎大人，侮圣人之言"（君子有三种敬畏：敬畏天命，敬畏辈分高、地位高的人，敬畏圣人之言。小人不懂得天命的客观规律性而不知敬畏，轻视辈分高、地位高的人，戏侮圣人之言）。三畏中，第一畏是"畏天命"。因为天道是客观规律，它不说任何的话，四季照样运转，万物依然生长。而且在天道、地道、人道之中，天道是最为重要的，获罪于天是"无所祷"的（怎么祷告都是没有用的）。因此，唯有敬畏天命，做事才能立于不败之地，也才能成为真正的"君子"。

　　什么是天命？《辞海》说："①上天的意志和命令。能致命于人，决定人类的命运。天命观念发生于殷周时期，当时统治者自称'受命于天'，或把自己的意志假托为上帝的命令，称之为'天命'，用来作为对人民进行压迫的合理根据。周人已对天命有怀疑，一些先进的思想家如叔兴、子产等已不信天命。但天命观点仍长期存留。②自然界的必然性。《荀子·天论》：'从天而颂之，孰与制天命而用之'"①。在"孔子"词条中则说：孔子"在世界观上，相信有人格意义的'天'：'获罪于天，无所祷也'。但又把天看成自然之物"。孔子"相信天命，强调'知命'，'不知命，无以为君子'，但又重视人为，在生活和学习上取积极态度。"②

　　《中国大百科全书·哲学》卷"天命"条说："中国古代哲学的重要范畴。关于天命，有两种不同的学说：一种把'天'当作有意志的'至上神'，'天命'则是天的命令；一种把'天'视为无意志的自然，'天命'便是自然的必然或自然的规律"。"孔子对'天命'范畴继续进行探索。他生活在春秋末社会大变动的时候，从维护周礼出发，

---

① 《辞海》1989年合订本.第1380页.上海：上海辞书出版社.1989.
② 《辞海》1989年合订本.第1262页.上海：上海辞书出版社.1989.

继承殷周以来的原始生命思想，有时把天看作是有意志的主宰，认为'获罪于天，无所祷也'。但孔子是敏于求知而积极活动的思想家，社会的进步给他以积极的影响，使他在天命的问题上产生了思想矛盾。在他的言论中，有时也把'天'看作自然的天，说：'天何言哉，四时行焉，百物生焉'。把'命'理解为包含异己的、不可知因素的东西，说'道之将行也与，命也；道之将废也与，命也'。这里的'命'带有宏观必然性的意思。孔子的态度是先尽人事而后言天命。他的天命思想奠定了儒家天命思想的基础"①。"孔子"条则曰："孔子继承传统的原始宗教的天命观，有时把天视为人世间的主宰者和人格神。《论语》中有不少有关的记载，《子罕》记载说：子畏于匡，曰：'文王既没，文不在兹乎？天之将丧斯文也，后死者不得与于斯文也；天之未丧斯文也，匡人其如予何？'据《述而》记载，宋司马桓魋欲害孔子时，孔子说：'天生德于予，桓魋其如予何？'孔子不仅认为他的生死由天决定，而且还认为，他的'德'，他担负的复兴文化的使命，也是天赋予的。《雍也》记载说：'子见南子，子路不说。夫子矢之曰：予所否者，天厌之，天厌之！'孔子承认天是主宰，认为有天命存在，认为天命决定着人的生死，也决定着社会的兴衰治乱……孔子在相信天命的同时，对周时盛行的通过卜筮探求上天意向的作法持否定态度，并且认为天命就蕴含在自然事物的运行之中，人们应该顺应天命而积极努力。不应该消极服从天命安排，放弃自己的努力，因而他特别强调'为仁由己'。这些思想与传统的天命观是矛盾的。它构成了西周天命观向战国唯物主义自然观转变的过渡环节"②。

1999年、2010年出版的《辞海》③④，2009年出版的《中国大百科

---

① 《中国大百科全书·哲学》卷.第874页.北京：中国大百科全书出版社.1987.

② 《中国大百科全书·哲学》卷.第428页.北京：中国大百科全书出版社.1987.

③ 《辞海》.1999年三卷本.第3479、5175~5176页.上海：上海辞书出版社.1999.

④ 《辞海》.2010年缩印本（一卷本）.第1006、1862页.上海：上海辞书出版社.2010.

全书》第二版基本观点同上①，仅有文字叙述的差别，可见近30年的孔子这方面的研究没有大的突破。综括而述，它们一致认为"孔子有时把天看作是有意志的主宰，有时也把天看作自然的天"②。这个观点是值得商榷的，前面七节已充分展现了孔子较为系统的敬天观，视天为自然天的天道自然观，并在这个基础上还"把天看作是人的精神力量的外在形式"③。

① 《中国大百科全书》.第二版.第13卷.第125页；第22卷.第141页.北京：中国大百科全书出版社.2009.
② 《中国大百科全书》.第二版.第22卷.第141页.北京：中国大百科全书出版社.2009.
③ 吴龙辉.《孔子语录全编·略说孔子》.第6页.北京：北京图书馆出版社.2007.

第二章

亲地

　　笔者在收集、整理孔子亲地的材料中，深感孔子亲地之情丝毫不亚于敬天之真、之深，他在讲天事的同时谈地事①，在叙天政的同时述地政②，在说天德的同时话地德③，在论天道的同时议地道④，在颂天无私的同时赞地无私⑤，在谓天高的同时曰地厚⑥。然而，天终究是天，地终究是地，是两者非一也。诚如孔子所曰："土之于民也，亲而不尊；天，尊而不亲"⑦（土或说土地、大地，对于民众而言可亲近而不严正；上天，对于民众而言是尊严而难于亲近）。所以，本章之题笔者用了"亲地"一词。

　　孔子的亲地之情，深深地表现在颂土上，"多其功而不息，宏其志而无不容"⑧；赞玉上，"温润而泽""坚刚而不屈"⑨；乐水上，"遍与诸生而无为""其万折也必东"⑩；尊山上，"生财用而无私为""出云雨以通乎天地"⑪；而且提出，"别五土之性""物各得其所"⑫。其中，乐水、尊山分别为第三、第四章，其余则为本章的第一、第二、第三节。

---

① 《大戴礼记·虞戴德》.
② 《大戴礼记·少闲》.
③④ 《大戴礼记·四代》.
⑤ 《礼记·孔子闲居》.
⑥ 《说苑·敬慎》.
⑦ 《礼记·表记》.
⑧ 《孔子家语·困誓》.
⑨ 《荀子·法行》.
⑩ 《荀子·宥坐》.
⑪ 《尚书大传·略说》.
⑫ 《孔子家语·相鲁》.

一、颂土

孔子有一系列颂扬土地的语句，充分表达了他的亲土之情。在《孔子家语·困誓》中记载有这么一段话："子贡问于孔子曰：'赐，既为人下矣，而未知为人下之道，敢问之？'子曰：'为人下者，其犹土乎！汩之之深则出泉，树其壤则百谷滋焉，草木植焉，禽兽育焉。生则出焉，死则入焉。多其功而不息，宏其志而无不容。为人下者，以此也。'"在《荀子·尧问》《说苑·臣术》《韩诗外传》卷7中，都有类似的记述。其意是说，子贡向孔子请教：我想谦逊对人，却不知如何下手？孔子答曰：要对人谦逊，就应该像土地一样：深挖能获得甘泉，树立在上面百谷滋盛，草木茂殖，禽兽繁育。生的时候站立在土的上面，死亡以后则入土为安。它有多方面的贡献并从不停息，立下服务的宏志，且宽容大度。谦逊对人者，就应该这样。在《说苑·敬慎》中，孔子在称颂天高，我不敢不曲身以恭的同时（"谓天盖高，不敢不跼"），称赞地厚，我不敢不碎步敬重（"谓地盖厚，不敢不蹐"）。在《礼记·孔子闲居》中，孔子在赞扬"天无私"的同时，赞颂"地无私"（"天无私覆，地无私载，日月无私照。奉斯三者以劳天下，此之谓三无私。"）在《大戴礼记·四代》中，孔子既肯定"有天德"，又表扬"有地德"。孔子还说："山林与，皋壤与，使我欣欣然而乐与"[①]（山林繁盛，沼泽旁洼地的草木丰茂，使我高兴得不知说什么为好）；歌颂"平原大薮，瞻其草之高丰茂者，必有怪鸟兽居之。且草可财也。如艾而夷之，其地必宜五谷。高山多林，必有怪虎豹蕃孕焉；深渊大川，必有蛟龙焉"[②]。翻译为现代汉语是：在平原大泽，看到丰盛的草丛之处，里面必有珍鸟奇兽居住。而且丰草可用，亦是宝贵的财富。若把草割了，其地肥沃，适宜于生长五谷。高山生长有茂密的森林之处，必定有虎豹等珍贵野兽的繁殖。在深渊大川之处，则一定有蛟龙的出入。

---

① 《庄子·知北游》.
② 《大戴礼记·四代》.

二、赞玉

孔子不但称颂土地，"有地德""地无私""宜五谷""多其功而不息，宏其志而无不容"；还称赞玉石，"温润而泽""折而不挠"。在《荀子·法行》篇中有这样一段对话。子贡问孔子："君子之所以贵玉而贱珉者，何也？为夫玉之少而珉之多邪？"孔子答："恶！赐！是何言也！夫君子岂多而贱之，少而贵之哉！夫玉者，君子比德焉。温润而泽，仁也。栗而理，知也。坚刚而不屈，义也。廉而不刿，行也。折而不挠，勇也。瑕适并见，情也。扣之，其声清扬而远闻，其止辍然，辞也。故虽有珉之雕雕，不若玉之章章。"其意是说，弟子子贡问：君子看重玉而瞧不上类似玉的石头——珉，是什么原因？是不是因为玉少而珉多呢？孔子曰：哦！子贡啊！君子怎么能因为珉多而瞧不上珉，因为玉少而看重玉呢？玉，君子眼中美德的象征：柔润而有泽，犹似仁爱；条纹秩然有序，象征智慧；坚刚不屈，犹如正义；廉正而不伤人，如待人准则；即使折断也不弯曲，似浩然之气；瑕疵和美善都不掩饰，尽显实况；敲击它，声音清脆悠扬，传至远方，停止敲击便戛然而止，犹如言辞。故而，纵使珉石雕有花饰，也比不上质朴明洁的素玉。

据《太平御览》记载，孔子还说过："夫良玉径尺，虽有十仞之土，不能掩其光。明珠度寸，虽有函丈之石，不能戢其曜。苟缊美自厚，容止可知矣"[①]。意为：良玉直径仅一尺，上覆几十尺几百尺的土，但掩盖不住它的光芒。明珠直径仅有一寸，虽被包含在几十丈大的岩石中，也掩没不了它的光曜。它内蕴美丽，深厚；仪容举止，世间知名。

---

① 《太平御览》.第510卷.

三、别五土之性，物各得其所

《孔子家语·相鲁》记载："孔子初仕，为中都宰……路无拾遗，器不雕伪……行之一年，而西方之诸侯则焉。"即说，鲁定公九年（公元前501年）孔子51岁，第一次出仕当官，官职为中都宰（中都，鲁邑，今山东汶上西；宰，当地长官名，主管内外总务）。孔子当政才一年，便政绩显著，出现了路不拾遗、没有伪劣假货的新气象，西方各诸侯国都加以仿效。司马迁的《史记》也说："政声远扬""四方皆则之"[1]。"二年，定公以为司空。乃别五土之性，而物各得其所生之宜，咸得厥所。"[2]据王肃注释：五土，一指山林，二是川泽，三为丘陵，四指坟衍（高原），五为原隰（平地）[3]。即说：第二年（鲁定公十年），孔子52岁时被鲁定公任命为司空（相当后世的工部尚书，掌管工程、工匠、屯田、水利、交通等），他根据土地不同的性质和情况，分别加以利用，使物"各得其所"。

《孔子家语·相鲁》所记载的"别五土之性，而物各得其所"的思想，是属于孔子的思想。这是有一系列旁证的。他说"天道敏生，人道敏政，地道敏树"[4][5]，即指出：天道最高原则是滋养生命，人道最高原则是政治昌明，地道的最高原则是哺育树木等生命成长。说"譬之圩邪，水潦集焉，菅蒲生焉"[6][7]，大意指好比低洼之处，是水涝汇集之地，菅、蒲等水草在此生长。菅（jiān），学名 *Themeda gigantea* var. *villosa*，为多年生草本水生植物[8]；蒲，俗称蒲草，指香蒲科一大

---

① （西汉）司马迁.《史记·孔子世家》.

②③《孔子家语·相鲁》.

④《礼记·中庸》.

⑤《孔子家语·哀公问政》.

⑥《尚书大传·略说》.

⑦《大戴礼记·劝学》有类似记录.

⑧《辞海》.1989年合订本.第674页.上海：上海辞书出版社.1989.

类草本水生植物①。又说"非其地而树之，不生也"②，即在不合适的土地上种植庄稼，不可能生长。还说："不知其子，视其父；不知其人，视其友；不知其君，视其所使；不知其地，视其草木"③。并一再强调："用天之道，分地之利""因地之利，以顺天下"④。从"别五土之性""物各得其所"，到"非其地而树之，不生也"，再到"不知其地，视其草木""分地之利""因地之利"，其思想完全是一脉相承的。

① 《辞海》.1989年合订本.第689、2283页.上海：上海辞书出版社.1989.
② 《说苑·杂言》.
③ 《孔子家语·六本》.
④ 《孝经》.

孔子爱水，经常带领学生去汶水（今山东大汶河）、沂水（今山东沂河）游泳、玩耍，其足迹遍布珠水、泗水、济水、淮河、黄河等。他爱水乐水的情怀，在当时著称于世。其弟子子贡曾询问于他："君子之所以见大水必观焉者，是何？"[1]其再传弟子孟子也说过，"仲尼（孔子）亟称于水"[2]。孔子之所以"亟称于水"，是因为他深刻地认识到：水，有着养及各种各样生命，不追求任何回报的高尚品德（"遍与诸生，而无为也，似德"）；一旦决行，声势浩荡，具有奔向万丈深渊而无所畏惧的勇气（"若有决行之，其应佚若声响，其赴百仞之谷不惧，似勇"）；有途经千转万折，终向东流的钢铁般的意志（"其万折也必东，似志"[3]）。同时，他看到水既能载舟，也能覆舟（"水则载舟，水则覆舟"[4]）；水与人很亲近，但又会溺淹人（"夫水近于人，而溺人"[5]）。进而，孔子提出"知者乐水"[6]的命题，只有智者才能深刻地了解水、保护水，恰当而有效地利用水，才能真正地"乐水"。本章即按上述孔子爱水乐水的三部曲，列为第一、第二、第三节。

一、逝者如斯夫，不舍昼夜

孔子称赞水的言论相当多。例如，《孟子·离娄下》载："仲尼亟称于水，曰：'水哉！水哉！'"在《尸子·明堂》（注辑本）中，孔子富有感叹地说："大哉，河海乎！下之也。夫河下，天下之川，故广"

---

① ③《荀子·宥坐》.
②《孟子·离娄下》.
④《荀子·哀公》.
⑤《礼记·缁衣》.
⑥《论语·雍也》.

（大啊，黄河、东海！都处于下地。黄河，天下之大川，广大也）。据《史记·孔子世家》记述，鲁哀公元年（公元前494年）孔子58岁，颠沛流离国外的第四年，因为卫国不用他，决定西去晋国拜见该国执政大臣赵简子。到了黄河边听到晋国的贤大夫窦鸣犊、舜华都已被赵简子杀害（"孔子既不得用于卫，将西见赵简子。至于河，而闻窦鸣犊、舜华之死也"），气得他立即打消了去晋国见赵简子的想法，决定返回。然而，此时孔子还不忘赞颂纯洁的水体，他临河叹曰："美哉！水，洋洋乎！丘之不济此，命也夫"[1][2]（美呀！黄河水，广大而纯洁。我孔丘不能渡过去，这是命中注定的）。此处的"命"不是指"天命""生命"，而是指孔子坚守的"道"，即不愿屈从于权贵的命。

孔子对水体最为全面的称颂是在《荀子·宥坐》篇中，"孔子观于东流之水。子贡问于孔子曰：'君子之所以见大水必观焉者，是何？'孔子曰：'夫水，遍与诸生，而无为也，似德；其流也埤下，裾拘，必循其理，似义；其洸洸乎，不淈尽，似道；若有决行之，其应佚若声响，其赴百仞之谷不惧，似勇；主量必平，似法；盈不求概，似正；淖约微达，似察；以出以入，以就鲜絜，似善化；其万折也必东，似志。是故君子见大水必观焉"[3]。这一段话是说：水，养及各种生命，而无所要求，品德高尚；它曲曲折折向低下处流去，遵循自高至下的规律，讲究义理；它波涛汹涌，没有穷尽，类似道义；它一旦决行，声势浩荡，奔向万丈深渊而无所畏惧，似大无畏的勇士；它作为量衡的标准，平正公平，类似法度；它平准地盛满了容器，不用像别的东西需用概器推平，象征公平；它柔顺泽软，而无微不达，似如明镜；它冲洗任何东西，必能鲜明洁净，好似教化；它途经千折万转，始终不改东流的方向，类似钢一般的坚韧意志。因此，君子见大水必定观看。

---

[1]《史纪·孔子世家》.
[2]《孔子家语·困誓》《说苑·权谋》《后汉书·李业传注》《三国志·魏书·刘廙传注》有类似记载.
[3]《孔子家语·三恕》《说苑·杂言》《大戴礼记·劝学》有类似记载.

　　然而，最著名的、也是最经典的一句话，无疑是《论语》中的"子在川上，曰：'逝者如斯夫，不舍昼夜'"[①]（孔子在河边说：流逝的时光啊！就像河水一样，不分昼夜地流去）。在这里，孔子充分肯定了时光的客观性、时间的一维性。其中，讲水流不分昼夜地逝去，同时也充分肯定了水流的客观性、无私性、坚韧性。

　　孔子还用一些美好的比喻，来歌颂水。例如，孔子说："君子之接如水，小人之接如醴。君子淡以成，小人甘以坏"[②]（君子之交如水一样的无私、纯洁，小人之交则是利害之交。君子之间淡而成友，小人之间勾心斗角）。当今社会上流行的"君子之交淡如水"的成语，即出于孔子上述的话。他的一些弟子则用水来比喻他，如有一次赵国的卿大夫赵简子询问子贡，你怎么评价孔子？子贡说："赐譬渴者之饮江海，知足而已。孔子，犹江海也！"[③]（我犹如渴者能幸运地喝到江海之水，知足也。孔子，即为江海）。

二、水可载舟，亦可覆舟

　　诚如孔子所言："水之于民也，亲而不尊；火，尊而不亲"[④]。正因为水让人亲近而不使人敬畏，火让人敬畏而不可亲近，所以人们对火的警惕性高，而对水则往往丧失警惕，从而酿成一个又一个悲剧。事实上，水无时不在，无处没有，它遍恩于世间万物，平静时犹如镜面，一丝不动；发怒时则掀起千重汹浪，奔腾咆哮，吞噬万物，扫荡一切。孔子深知水的无私性，给予赞颂；也悉知水在一定情况下，具有巨大的破坏性。如何趋利避害，孔子提出"水可载舟，亦可覆舟"的命题。

---

① 《论语·子罕》.
②④ 《礼记·表记》.
③ 《说苑·善说》.

孔子是这样说的："君者，舟也。庶人者，水也。水则载舟，水则覆舟。君以此思危，则危将焉而不至矣！"①② 这一段话是说：国君好比是船，民众好比是水，水既能载舟，水也能覆舟。国君以此思危，那么这种危险可能不至于发生。这里，通过把君、民比喻为船、水的关系，深刻表达了孔子的贵民思想，也表明了孔子对水的功能深刻而辩证的认识。孔子又比喻说过："君子之道，譬犹防与。夫礼之塞，乱之所从生也，犹防之塞，水之所从来也"③。意思是说：君子之道，犹如防御的墙。礼被堵塞了，乱象便丛生，好像防水的大堤失灵了，大水灾害必然降临。孔子还非常形象地比喻说："为人君者，犹盂也。民，犹水也。盂方水方，盂圆水圆"④。直译是：作为国君，就好像是盂（盛菜汤和食物的器皿）；民众，好比是水。盂方，则水也方；盂圆（圆），则水也圆。其中对水的描写多么的贴真，而寓意则是十分的深刻：国君仁义，民众也仁义；国君暴戾，民众则会以暴抗暴，国家便不得安宁，君位也难以保持。

孔子进一步指出："船非水不可行，水入船中则其没也"⑤；"鱼失水而死，水失鱼则犹为水也"⑥⑦。即在水可载舟、也可覆舟的论述基础上，进一步阐明了船与水的关系：指出船无水则不成为船，水入船则淹没船，犹如鱼失水即死，而水失鱼却秋毫无损，依然为水。它暗示：君主离不开民众，离开了民众无以为君主；而民众离开了君主，照样是民众。这里，孔子运用船、水或鱼、水关系，更为深刻地展示了他的民贵论，以及他对水的客观性认识。

---

① 《荀子·哀公》.

② 《孔子家语·五仪解》等亦有类似记载.

③ 《大戴礼记·礼察》.

④ 《韩非子·外储说左上》.

⑤ 《说苑·杂言》.

⑥ （唐）魏徵.《论治道疏》.

⑦ （唐）《艺文类聚》第11卷、（宋）《太平御览》第77卷、《尸子》卷下（注辑本）记为："孔子谓子夏曰：'商，汝知君之为君乎？'子夏曰：'鱼失水则死，水失鱼犹为水也。'孔子曰：商，汝知之矣。"此三书把"鱼失水则死，水失鱼犹为水也"，记为子夏语，孔子是赞同的。故笔者认为魏徵的记载没有错，加以引用。

孔子在对权贵们提出"水可载舟，亦可覆舟"警戒的同时，也给一般的人们提出了重要的警示："夫水近于人，而溺人"①。告诉人们，水与人很近、很亲，但是它也会溺死人。接着指出要知水，并善于用水、玩水，进而乐水，这不是任何人都能做到的，"小人溺于水"②，唯有知者（智慧的人）才能做到乐水。孔子还用"如临深渊，如履薄冰"的诗句（"《诗》曰：'战战兢兢，如临深渊，如履薄冰。'行身如此，岂以口遇祸哉"③），告诫人们立身处世，一定要小心谨慎，要"三畏"（"畏天命，畏大人，畏圣人之言"④），要"三不"（不忧、不惑、不惧⑤），要自律。

三、知者乐水

要真正地成为"知者"，会"乐水"，并不容易。首先，要有仁爱之心。据《左传》记载，郑国执政大臣（相当于后来朝代的宰相）子产说过："……我闻忠善以损怨，不闻作威以防怨。岂不遽止？然犹防川，大决所犯，伤人必多，吾不克救也。不如小决使道，不如吾闻而药之也。"孔子听说这段话后赞曰："以是观之，人谓子产不仁，吾不信也"⑥。子产病死前说："……唯有德者能以宽服民，其次莫如猛。夫火烈，民望而畏之，故鲜死焉。水懦弱，民狎而玩之，则多死焉。"孔子再次称赞："善哉，宽以济猛，猛以济宽，政是以和"。后子产病故，孔子流着眼泪说："古之遗爱也"⑦。

第一段话的大意是：子产说，他眼观耳闻到的是，诚心行善可以

---

① ②《礼记·缁衣》.
③《说苑·敬慎》.
④《论语·季氏》.
⑤《论语·宪问》.
⑥《左传·襄公三十一年》.
⑦《左传·昭公二十年》.

化解怨恨，没有看到用威猛手段可以解决怨恨的。怨恨难道无法化解了结吗？犹如预防大水，如是大决堤了，伤人必多，无法救治。还不如开一个小口加以疏导，还不如把听到的怨言当作良药改进执政工作。孔子高度评价子产的这一段话，说：听了这番话，别人说子产不仁，我是不相信的。第二段话是子产对其接班人的叮嘱。他根据他的执政经验说：唯有德者以宽政待民，民众心服；同时，要有严正的法治予以辅助。犹如烈火，民众望而生畏，故而死的人很少。水则懦柔，民众不在意地玩耍，反而死了很多的人。孔子说：子产讲得多好啊！德政与严治相结合，政治才能昌明，国家才能和稳；后又称赞：子产继承了前辈的仁爱优良遗风。这两段话多是政治性的对话，核心都是仁政，其中都用水体作比喻。第一段说，犹如预防大水，大堤决了，伤人必多，无法救治；还不如开一个小口加以疏导。第二段说，犹如烈火，民众望而生畏故死者少；水则懦柔，民众不在意地死便多。它们都表达了话者（子产、孔子）对民众的仁爱思想，亦充分体现知者乐水的必备情怀——仁爱之心。

要成为知者，进而能乐水，不但要具有仁爱的情怀，还应了解不同水体的不同性质，以便选择恰当的水体加以"乐"之。诚如孔子所言："小子听之，清斯濯缨，浊斯濯足矣。自取之也"[1]。（此话来自当时的孺子歌："沧浪之水清兮，可以濯我缨；沧浪之水浊兮，可以濯我足"[2]）。上述的话是说：学生们听着，清水可以洗缨，浊水可以冲脚，由你们各自取之。各自取之，如何取好？至少应该了解孔子说过的下述一系列的情景："平原大薮（指大的沼泽），瞻其草之高丰茂者，必有怪鸟兽居之⋯⋯深渊大川，必有蛟龙焉"[3]。在"吕梁，县水三千仞，流沫四十里，鼋鼍鱼鳖之所不能游也"[4]，其意是说：在吕梁山地，瀑布高达万丈，水泡沫长流四十里，鼋（yuan，爬行动物，又称

---

① ②《孟子·离娄上》.
③《大戴礼记·四代》.
④《庄子·达生》.

"绿团鱼"，俗称"癞头鼋"，学名*Pelochelys cantorii*①）、鼍（tuo，爬行动物，又称扬子鳄，俗名"猪婆龙"，学名*Alligator sinensis*②）、鱼、鳖（bie，爬行动物，又称"甲鱼""团鱼"，俗称"王八"，学名*Pelodiscus sinensis*③），都不能游。"不临于深渊，何以知没溺之患？不观于海上，何以知风波之患"④（不面临深渊，怎么知道被水淹没的危险。不到海边去观看，怎么知道海洋大风巨浪的危险）。进而，孔子指出乃至一条河流其不同的地段水流都是不一样的："昔者，江出于岷山，其始出也，其源可以滥觞。及其至江之津也，不放舟，不避风，则不可涉也。非维下流水多邪？"⑤⑥（按传统说法，长江源于岷山。始出之地，其水很小，只能浮起酒杯。及至江面有渡口之处，水已大得没有船只，不避大风，则难以渡河。这是因为下游水大的原因！）

　　抱着仁爱之心，了解了不同水体的不同性质，不同河段的不同特征，便可能做到"知者乐水"了。那么，知者如何乐水？笔者收集整理孔子的材料未发现有较系统的论述，仅在《论语》中发现一处关于知者乐水的具体描述。一次，子路、曾皙、冉有、公西华四位学生在孔子面前谈论各自的抱负。曾皙曾子之父曰："莫春者，春服既成，冠者五六人，童子六七人，浴乎沂，风乎舞雩（yu），咏而归。"孔子叹曰："吾与点也"⑦。按现代的话是：曾皙说他希望能在暮春时节，穿着春装，与五六位成年人、六七个孩子，能在沂水中尽情地游泳洗身，然后在祭雨的高台上吹风、晾干，边走边唱着歌儿回家。孔子听了曾皙等四人的陈述后很有感触地仅说了一句话：我赞同曾点的主张。可见，孔子主张和向往的是这种与民同乐的小康生活。

---

① 《辞海》. 第六版（缩印本）. 第2347页. 上海：上海辞书出版社. 2010.
② 《辞海》. 第六版（缩印本）. 第1917页. 上海：上海辞书出版社. 2010.
③ 《辞海》. 第六版（缩印本）. 第126页. 上海：上海辞书出版社. 2010.
④ 《说苑·杂言》.
⑤ 《荀子·子道》.
⑥ 《孔子家语》第2卷、《艺文类聚》第8卷、《韩诗外传》第3卷有类似记录.
⑦ 《论语·先进》.

第四章

尊　山

孔子在世时，不但他的爱水乐水情怀著称于世，而且他的尊山乐山情志也是人所共知的。他称赞山"崟然高"①（巍然高耸），"高山仰止"②（高山，人所共仰）；提出"仁者乐山"③，"君子登高必赋"④，当弟子子张询问："仁者，何乐于山也？"他欣然答曰：山"无私"⑤。本章即按孔子的上述论述，分两节予以介绍。

一、高山仰止

孔子对山是非常尊重的，经常带学生去爬山，既锻炼身体、意志，又培养尊重大山、热爱大自然的美德。据记载，孔子曾带领学生远足泰山，欣赏一览众山小的美景⑥。在实践中他深感到山体的高宏伟岸，也感叹山谷的深不可测。

（一）山体高宏伟岸

孔子说："《小雅》曰：高山仰止，景行行止"⑦。"止"为"之"，"景行"指"大道"。全句的意思是说：《诗经·小雅·车舝》诗篇讲，高山，人所共仰；大道，人所共行。

弟子子张问曰："仁者，何乐于山也？"孔子开始回答说："夫山者，崟然高"⑧⑨。崟（ji），山高。大意是：子张问，仁者何乐于山？孔

①⑤⑧《尚书大传·略说》.
②⑦《礼记·表记》.
③《论语·雍也》.
④《韩诗外传》第7卷.
⑥匡亚明.《孔子评传》.第294页.济南：齐鲁书社.1985.
⑨《孔丛子》上卷、《文选·鲁灵光殿赋注》《太平御览》第419卷有类似记录.

子说，因为山者，巍然高耸。

山体何以高宏伟岸？孔子指出："河以逶蛇，故能远；山以陵迟，故能高"①。即说：黄河因为弯弯曲曲、延续不断，因而远长；山因为有高大的斜坡，因而高耸伟岸。

（二）山谷深不可测

孔子指出："譬如高山深渊，仰之不可极，度之不可测也"②。其意是：好比高山深渊，仰望它看不到山峰，度量它则深不可测。

在他与弟子子夏、颜渊谈论怎么读《尚书》时，孔子讲了："前有高岸，后有深谷，泠泠然如此……不能见其里，盖未谓精微者也"③④。即说：读书是件艰苦的事，犹如前有高山，后有深谷，进去了会感到寂静冷漠。然而，不进去，不可能真正地把里面的东西搞懂，那么你的学问就说不上精通。

孔子还进一步提出："不观于高岸，何以知颠坠之患"⑤。也就是说：不登上高山之顶往下看，怎么懂得从山顶上跌落下去的危险？

可见，孔子既尊重山体之高伟，又悉知其山谷之深幽。他提倡，既要敢于进山谷，甘心情愿地"泠泠然"，又要勇于登上山巅，时时具有"颠坠之患"之心。

二、仁者乐山

孔子在指出"知者乐水"命题的同时，又提出"仁者乐山"的命题。本书第三章中，笔者已讲述了孔子为什么提出"知者乐水"。他认

---

① 《淮南子·泰族训》.
② 《说苑·政理》.
③ 《韩诗外传》.第2卷.
④ 《尚书大传·略说》有类似记载.
⑤ 《说苑·杂言》.

为仅有仁爱之心还难以做到"乐水"。那么，孔子为什么又提出是"仁者乐山"？

（一）仁者何以乐山

首先，我们来看一下孔子是如何回答子张提出的问题。孔子曰："夫山者，岿然高。"接着说："夫山，草木生焉，鸟兽蕃焉，财用殖焉；生财用而无私为，四方皆伐，无私予焉；出云雨，以通乎天地之间，阴阳和合，雨露之泽，万物以成，百姓以飨。此仁者之所以乐于山者也"[1][2]（山者，巍然高耸。山，草木在它上面生长，鸟兽在它上面繁殖，财富在它上面产出；它生产财富不带任何私利，四面八方都可以去砍伐取用，且从不偏袒任何一方。它出于云雨之中，以连通天地，使阴阳和谐，雨露润泽，万物生长，供百姓食用。这就是仁者喜欢山的原因）。也就是说，仁者乐山，不仅是因为山巍然高耸，而且在它上面生长草木，繁殖鸟兽，生产财物，并不带任何私利，不偏袒任何一方，供百姓享用。

孔子还说："高山多林，必有怪虎豹蕃孕焉"[3]（高山森林茂密之处，必有珍贵的虎、豹类动物繁育生长）；"山林与，皋壤与，使我欣欣然而乐与"[4]（高山树木繁茂，沼泽旁洼地的草木丰茂，使我高兴得合不上嘴）等。

（二）仁者怎么乐山

在笔者收集和整理的材料中，孔子在这方面有些论述。

鲁定公十至十二年（公元前500～前498年），孔子（时年52～54岁）担任鲁国大司寇时曾说过这么一段话："三尺之岸，而虚车不能登也；百仞之山，任负车登焉。何则？陵迟故也。数仞之墙，而民不逾

---

[1]《尚书大传·略说》.
[2]《孔丛子》上卷、《文选·鲁灵光殿赋注》《太平御览》第419卷有类似记载.
[3]《大戴礼记·四代》.
[4]《庄子·知北游》.

也；百仞之山，而竖子冯而游焉。陵迟故也。"① "陵迟"，为缓延的斜坡；"冯"，登也。全句是说：三尺高的小陡山，即使是空车也难爬上去；而高达百丈的大山，即使是载重的车也能爬上去。这是什么原因？因为大山虽高，却有一个斜坡。数丈高的一堵墙，成人都爬不上去；但万丈高的大山，小孩都能登上去游玩。这也是因为大山有一个斜坡的原因。这段话至少告诉我们孔子强调两点：①"乐山"主要是乐大山，高山深谷才有无穷的乐趣；②仁者包括成人、竖子（小孩），只要有仁爱之心者，不破坏大山及其草木、鸟兽的生存，不管大人、小孩都可以攀登、游乐。

有一次，孔子游于景山（"景"者，大也）之上，子路、子贡、颜渊从。孔子曰："君子登高必赋，小子愿者何？言其愿，丘将启汝"②。即孔子说：君子登高，必赋诗言志，你们几位志向是什么？说说各位的志向，我将给予你们启示。由此，产生了"登高赋诗"的成语。登高赋诗言志，也成为"仁者乐山"的一个重要内容。

孔子喜欢爬山，"登泰山而小天下"③。至今，泰山顶上还留有孔子登临处的遗迹。

---

① 《荀子·宥坐》.
② 《韩诗外传》.第7卷.
③ 匡亚明.《孔子评传》.第294页.济南：齐鲁书社.1985.

第五章

崇生

与孔子敬天亲地、爱水尊山相一致的，是孔子崇生，即崇敬生命、热爱生命。掌握了这一点，释解孔子言论的许多难点都会迎刃而解，包括一些争论了2000多年的词句。最为典型的一句话，无疑是《论语》中所述的："子罕言利与命与仁"①。许多书推崇三国魏人何晏《论语集解》的注释，把此句话释解为：孔子很少谈论利、命和仁②③。然而，"仁"是孔子思想中的一个核心概念，是孔子在实践中创造产生的观念，他创立的"仁学"，是对中国和世界的重大贡献，亦是他一生最大的成就；其一生也是用仁的标准教育和培养弟子，希望他们成为像他一样知识丰富、建立起对民众和社会整体性关怀的"仁者"；早在2200多年前成书的《吕氏春秋》就指出"孔子贵仁"④；陈来的《仁学本体论》认为"孔子的儒学本来即是仁学"⑤。所以，孔子怎么可能很少谈论"仁"呢？事实也是与"罕言"说相反，仅在《论语》中"仁"字出现有109次⑥（有学者统计为105次⑦），是《论语》中出现次数最多的词汇之一。"命"字也是这样，在《论语》中屡有出现⑧，乃至孔子把"知命"作为做君子的前提（"不知命，无以为君子也"⑨），能说是"罕言"吗？一些书把此处的"命"释为"天命""命运"⑩⑪。这些释解都是值得商榷的，其中一个重要原因是释者没有掌握孔子高度崇敬生

①《论语·子罕》.
②南怀瑾.《论语别裁》.第365～367页.上海：复旦大学出版社.2000.
③⑪杨伯峻.《论语译注》.第98页.北京：中华书局.2006.
④《吕氏春秋·不二》.
⑤陈来.《仁学本体论》.第29页.北京：三联书店.2014.
⑥匡亚明.《孔子评传》.第682页.济南：齐鲁书社.1985.
⑦赵纪彬.《论语新探》.第147页.北京：人民出版社.1959.
⑧《论语·雍也》《颜渊》《宪问》《尧曰》四篇有6次提及"命"字.
⑨《论语·尧曰》.
⑩蔡尚思.《孔子思想体系》.第84～85页.上海.上海人民出版社.1982.

命这把钥匙，不了解孔子思想或说孔子哲学的核心问题是生命问题，继承和发展《周易》的"生生不息"思想，提高到理论上即是"仁学"。实际上，孔子罕言的是"利"；"与"字，在此处应注释为"赞许"，类同宋元间学者史绳祖的注①；"命"字不是指"天命""命运"，而是指"生命"。因此笔者认为，该句应该在第一个"与"字前断开，断为"子罕言利，与命与仁"；翻译为白话文则是：孔子很少谈论利，赞许生命，主张仁爱。这样，全句通畅了，与《论语》、与孔子思想一致了。

　　孔子崇敬生命、热爱生命，具体表现为：①赞美生命，例如"岁寒，然后知松柏之后凋也"②（只有经历了严寒的冬天，才知道松柏之耐寒、坚强）。②珍惜生命，例如提出"与其杀不辜，宁失有罪"③（与其错杀无辜之人，宁可错放有罪之人）；"开蛰不杀""方长不折"④（春天不要杀害刚苏醒的动物，不要折断正在生长的草木）。③主张让生命自由生长，例如"蝡飞蠕动，各乐其性"⑤（"蝡"，指昆虫。此句话的意思是说：让各色昆虫自由地飞升蠕动，快乐地按其本性生长）。④提出"不知命，无以为君子"⑥（不知道珍惜生命的，不可能成为君子）。本章即按上述四点依次分述为第一、第二、第三、第四节。

---

① （宋元之际）史绳祖.《学斋占毕》.
②《论语·子罕》.
③《尚书大传·周传》.
④《大戴礼记·卫将军文子》.
⑤《韩诗外传》第7卷.
⑥《论语·尧曰》.

一、赞美生命

孔子崇敬生命、热爱生命，首先表现在他赞美生命。而且，他赞美的语言不是停留在一般性的形容词和语句上，而是通过客观呈现某一生命体美妙的自然现象或特有的自然现象，自然而然地进行赞颂。

例如，孔子曰："且夫芷兰生于深林，非以无人而不芳"①。芷，为香草名，即白芷、辟芷，属于被子植物伞形科当归属，为兴安白芷（*Angelica dahurica*）、杭白芷（*A. dahurica* var. *formosana*）、川白芷（*A. anomala*）等的统称②。兰，多年生常绿草本，属兰科，又名"春兰""兰花""山兰""草兰"，俗名"朵朵香"，学名*Cymbidium goeringii*③。古字"芷"与"芝"通，在《孔子家语·在厄》《说苑·杂言》篇中，为"芝兰生深林，非为无人而不香"。其大意是说：芳芷幽兰生长在深山密林之中，不因为无人欣赏而不吐芳香。类似的记载还出现在《琴操》上卷中，说：孔子周游列国，"自卫返鲁，过隐谷之中，见芗兰独茂，喟然叹曰：'夫兰当为王者香，今乃独茂。与众草为伍，譬犹贤者不逢时，与鄙夫为伦也'"。芗，香气；伦，类也。在这里，孔子称赞兰花的香是"王者香"，然后感叹它"与众草为伍"，与他一样生不逢时，沦为同类。由此可见芷（芝）和兰的高贵、纯洁，以后形成"芝兰玉树"的成语。

再如，"色斯举矣，翔而后集。曰：'山梁雌雉，时哉！时哉！'子路共之，三嗅而作"④。意说，野鸟见人对它露出贪婪之举，惊恐地腾飞而起，在空中飞翔一会儿才落集下来。孔子称赞说："山脊上的母鸟，也懂得飞落的时宜呀！"弟子子路向野鸟拱手示敬，野鸟则多次回头是顾，然后才高飞远走。

---

① 《荀子·宥坐》.
② 《辞海》.1989年合订本.第633、1982页.上海：上海辞书出版社.1989.
③ 《辞海》.1989年合订本.第319页.上海：上海辞书出版社.1989.
④ 《论语·乡党》.

又如，孔子曰："平原大薮，赡其草之高丰茂者，必有怪鸟兽居之""高山多林，必有怪虎豹蕃孕焉。深渊大川，必有蛟龙焉"①。大意是说：在平原沼泽之地，能看到生长的草物之茂密，那里必定有珍奇鸟兽居住。在高山之地，多树成林，那里必定有珍稀的虎、豹在此繁殖。在深渊大川里，那里必有蛟龙等在此生存。以三个"必有"，称赞这些生物及其生活环境。

还如，孔子曰："北方有兽，其名曰蟨（jue），前足鼠，后足兔，是兽也。甚矣其爱蛩蛩（qiong）、巨虚也，食得甘草，必啮以遗蛩蛩、巨虚；蛩蛩、巨虚见人将来，必负蟨以走。蟨非性之爱蛩蛩、巨虚也，为其假足之故也。二兽者亦非性之爱蟨也，为其得甘草而遗之故也。夫禽兽昆虫犹知比假而相有报也，况于士君子之欲兴名利与天下者乎？"②翻成白话文：北方有一种兽名叫蟨，其前足似鼠，后足如兔。这种兽似乎特别喜爱蛩蛩、巨虚，遇到鲜美的野草，必用口衔送给蛩蛩、巨虚吃。蛩蛩、巨虚发现有人前来，则一定背着蟨一起逃走。实际上，蟨不是真心喜欢蛩蛩、巨虚，只是为了借助它们的足力。蛩蛩、巨虚也不是真心喜欢蟨，只是蟨能给它们送去甜美的鲜草。这些禽兽昆虫还知道彼此之间要互帮互利，相互报答，何况那些希望在天下兴利扬名的士君子呢？

他如，孔子曰："鲍庄子之知不如葵，葵犹能卫其足"③。曰："尺蠖之屈，以求信也；龙蛇之蛰，以存身也……穷神知化，德之盛也"④。曰："异时小儿谣曰：'楚王渡江得萍实，大如斗，赤如日，剖而食之美如蜜'"⑤。曰："入其邑，墉屋甚尊，树木甚茂。此忠信以宽，故其民不偷"⑥。曰："春致其时，万物皆及生；君致其道，万人

---

① 《大戴礼记·四代》.
② 《说苑·复恩》.
③ 《左传·成公十七年》.
④ 《周易·系辞下》.
⑤ 《说苑·辨物》.
⑥ 《韩诗外传》第6卷.

皆及治"[1]。曰："吾于《甘棠》，见宗庙之敬也甚矣！思其人，必爱其树；尊其人，必敬其位。顺安万物，古圣之道几哉"[2]。曰："鸟，吾知其能飞。鱼，吾知其能游。兽，吾知其能走"[3]。曰"违山十里，蟪蛄之声犹尚存耳"[4]。曰"马蹄斩而复行者何？以辅足众也"[5]，等等。

其第一句话大意是：鲍庄子的智慧比不上向日葵，向日葵还能保护自己的根部。这里讲了一个典故：鲍庄子即鲍辛，齐国大夫，辅佐齐桓公登上王位的大臣鲍叔牙的曾孙。当时，齐国上层社会极为混乱，齐灵公之母声孟子与齐国大夫庆克私通。一次，庆克穿着妇人衣裳蒙混入宫，被鲍庄子碰见。鲍庄子把此事报告了当时齐国执政（相当后来的宰相）周武子，周武子责备了庆克。庆克把此事告诉了声孟子。声孟子大怒，向齐灵公进谗言，诬告鲍庄子要谋反。齐灵公便将鲍庄子处以刖足之刑（砍脚）。向日葵的花、叶都能向着太阳，随太阳的转动而转动，能遮蔽根部，不受暴晒。所以，孔子批评鲍庄子在乱世之时不知谨慎、保护自己，智慧还不如向日葵。第二句是说：尺蠖（蛾的幼虫，又称"尺蛾"，属昆虫纲）收缩，是为了伸展生长；龙蛇蛰伏潜藏，是为过冬保存生命……穷究事物的奥秘，是崇高的品德。第三句的意思是：过去听小儿的歌谣说，楚国国王渡长江时曾得到一种浮水草本植物，名为浮萍（又称青萍，属浮萍科，学名*Lemna minor*[6]），其大如斗，红艳如日，割开一吃，甘美如蜜。第四句说，孔子进入弟子子路治理的卫国城邑蒲城，高兴地讲：看到城墙、民居高大整洁，树木茂繁，这是子路办事忠信、宽厚，老百姓知礼、勤干的结果。第五句则是讲，春季按时来临，万物便都能及时生长；君主正派实施王道，万民皆能过上幸福安定

---

[1]《说苑·君道》.

[2]《说苑·贵德》.

[3]《史记·老子传》.

[4]《说苑·政理》.

[5]《说苑·杂言》.

[6]《辞海》.1989年合订本.第1069页.上海：上海辞书出版社.1989.

的生活。第六句的大意是：孔子从《甘棠》①一诗中，看到先人对祖先的敬重。思念那个人，连他种的树都得到尊爱；尊重那个人，则连他的职位亦被敬重。顺应事理，安定万物，古代圣人之道也。第七句是孔子拜见老子后对弟子说的：我知道鸟能飞，鱼能游，兽能跑。第八句说：离山十里，山上蝉（蟪蛄，学名 *Platypleura kaempferi*，昆虫纲蝉科的一种②）的叫声还在孔子的耳边回响。最后一句话说：马蚿（即马蚿，一种多足虫，形如蚯蚓③）的脚被斩断了还能继续爬行，是什么原因呢？因为它的辅助脚多。

二、珍惜生命

孔子崇敬生命、热爱生命，还表现为他十分地珍惜生命。主要有三个方面：1.继承前辈保护动植物的传统，孔子有一系列主张，并付诸行动。2.珍惜人的生命，提出"与其杀不辜，宁失有罪"④等一系列主张。3.主张不损害生命的孝，或说主张孝不能损害生命。

---

① 《诗经·召南》篇中一首，该诗通过对召公奭所植的甘棠树的赞美，表达人们对周初大臣召公奭的爱戴。

② 《辞海》.1989年合订本.第2105页.上海：上海辞书出版社.1989.

③ 吴龙辉.《孔子语录全编》.第449页.北京：北京图书馆出版社.2007.

④ 《尚书大传·周传》.

（一）保护动植物

孔子在这方面最著名的一句话是："仁厚及于鸟兽昆虫"①②。具体言论则相当多，他说："开蛰不杀，则天道也；方长不折，则恕也，恕则仁也"③（春天不杀刚苏醒开始活动的动物，是合乎天道的行为；春天不折断正在生长的草木，是宽厚的表现，宽厚即为仁礼）。"断一树，杀一兽，不以其时，非孝也"④⑤（砍一棵树、杀一只兽，如果不按时节，损害了树木的生长、鸟兽的繁殖，都是缺乏孝心的表现）。"刳胎杀夭，则麒麟不至其郊；竭泽而渔，则蛟龙不处其渊；覆巢破卵，则凤凰不翔其邑"⑥⑦（剖挖胚胎、杀死刚出生的幼兽，则麒麟等动物再不会在城郊生长繁殖；淘干了池、泽捕鱼，则蛟龙等水生动物再不可能在此生长；颠覆了鸟巢，破坏了鸟卵，凤凰等鸟类不可能再飞到此地）。孔子深知："苟本正，则华英必得其节以秀孚矣"，"凡草本根鞁伤，则枝叶必偏枯，偏枯是为不实，谷亦如之"⑧（凡草木的根、干是正常的，其花朵、果实一定能按时开放、结果。草木的根、干败伤了，则其枝、叶必然枯萎，果便不能结实。五谷亦是如此）。孔子曾引用《诗经·邶风·谷风》的诗句，说"诗云：采葑采菲，无以下体"⑨，指出无论是采葑还是采菲（葑，即芜菁、蔓菁，学名 *Brussica rapa*，一年或二年生草本植物；菲，即蒠，又名小施花、面根藤儿，多年生草本植物。两者的叶、茎、根都可食⑩），都不要伤及根、茎，等等。

① 《孔子家语·五帝德》.
② 《大戴礼记·五帝德》.
③ 《大戴礼记·卫将军文子》.
④ 《礼记·祭义》.
⑤ 《大戴礼记》第4卷、《后汉书·肃宗纪注》等有类似记载.
⑥ 《孔子家语·困誓》.
⑦ 《史记·孔子世家》《琴操》上卷有类似记载.
⑧ 《大戴礼记·少闲》.
⑨ 《礼记·坊记》.
⑩ 《辞海》.1989年合订本.第632、670、679页.上海：上海辞书出版社.1989.

孔子明确表示："恶莠，恐其乱苗也"①。莠（you），草名，似稷但不结果实，即狗尾草，学名*Setaria viridis*，又名谷莠子②。此处莠，为恶草的通称。全句的意思是说：孔子讨厌那些恶草，因为它们会以假乱真，影响禾苗的生长。

又，据《孔子家语·正论解》《礼记·檀弓下》《文选》第21卷记载："孔子适齐，过泰山之侧，有妇人哭于野者而哀。夫子式而听之，曰：'此哀一似重有忧者。'使子贡往问之。而曰：'昔舅死于虎，吾夫又死焉，今吾子又死焉。'子贡曰：'何不去乎？'妇人曰：'无苛政。'子贡以告孔子。子曰：'小子识之，苛政猛于暴虎'"③（孔子去齐国，经过泰山旁边，听到有妇人哭于野外。孔子听了一会，说这是一位有重大不幸的哀者，让弟子子贡去问一下。这位妇人哭诉：过去我的舅舅死于老虎，后来我的丈夫死于老虎，如今我的儿子又死于老虎。子贡说：那你们为何不离开此地？妇人说：此处无繁重苛刻的赋税。子贡把这些告诉孔子，孔子气愤地说：弟子们要从中认识到，苛政猛于虎啊！）从此段话中可见，孔子、子贡面对人虎之间的冲突是规劝人们离开老虎生存之地，去一个安全的地方，而不是以千方百计地射杀老虎的手段和方法来解决这种冲突。

孔子及其弟子还把上述保护动植物的主张付诸实际行动。例如据《论语》记载："子钓而不纲，弋不射宿"④（孔子钓鱼，不采用系满钩的长绳；孔子射鸟，从不射鸟巢和归巢的鸟）。孔子的学生宓子贱为官亶父（鲁国城邑，一些书作"单父"），三年后另一位孔子的学生来到当地，见到"夜渔者，得而舍之"。于是，问："渔为得也，今子得而舍之，何也？"对曰："宓子不欲人之取小鱼也，所舍者小鱼也。"孔子

---

① 《孟子·尽心下》.
② 《辞海》.1989年合订本.第667、925页.上海：上海辞书出版社.1989.
③ 《论衡·遭虎》《新序》第5卷有类似的记载.
④ 《论语·述而》.

听说后高兴地说：宓子贱是"诚乎此者，刑乎彼"①。其意是说：去亶父城邑的人在那里见到一个奇怪的现象：夜里捕鱼者把捕到的鱼放回河中去。于是发问：渔者捕鱼是为了得鱼，你们为什么把捕到的鱼又放回去？渔者说：宓子贱教育我们不要捕正在生长的小鱼，放回河中去的都是小鱼。宓子践的教育多么成功啊！能使捕鱼的百姓在无监管的夜里，都能自觉地遵守不捕小鱼的规定。孔子听说后很高兴，表扬说：宓子贱实行了善政，首先自己诚实地践行，并有刑罚给予保障。因此，百姓自觉地形成不捕小鱼的善举。

（二）珍视人的生命

孔子在这方面的事迹和言论相当的多。笔者拟分以下几个方面加以阐述：关注人生；司法上不杀无辜；为政要"好生而恶杀"；"天地之性，人为贵"。

1. 关注人生

最典型的事是《论语·乡党》中记载的："厩焚。子退朝，曰：'伤人乎？'不问马。"这段文字是说：孔子家的马厩失火了，孔子退朝回来，关切地询问"伤人没有？"其他则没有问。可见，孔子对人的生命的关注。

最典型的话则是《论语·先进》中记载的："季路问事鬼神。子曰：'未能事人，焉能事鬼？'曰：'敢问死。'曰：'未知生，焉知死？'"大意是：弟子子路问，如何侍奉鬼神？孔子答，人尚不能很好地侍奉，哪有时间去侍奉鬼神？子路又说，胆敢问一下死是怎么一回事？孔子又答，生都没有弄清楚，又怎么能清楚死是怎么一回事呢？可见，孔子对人生的重视。

孔子还总结提出，有三种死是死于"非命"，咎由自取，应该而且是可以避免的："人有三死而非其命也，行己自取也。夫寝处不时，饮

---

① 《吕氏春秋·审应览》.

食不节、劳逸过度者，疾共杀之。居下位而上干其君，嗜欲无厌而求不止者，刑共杀之。以少犯众，以弱侮疆，忿怒不类，动不量力者，兵共杀之"①②。第一种是寝不时、食不节、劳逸过度者，这类人必然都被疾病杀死；第二种是居下位而干预扰乱国君的决策、贪婪权力无厌者，这类人必然都被判刑处死；第三种是以少犯众、以弱侮强、好斗而不自量力者，这类人必然都在格斗中或战争中被杀。

当然，孔子上述的言行不能理解为他怕死。对死他看得很透，说："众生必死，死必归土""骨肉毙于下，阴为野土"③（一切生命必然都会死亡，死亡之后必然归于下土。骨肉腐烂于地下，沉埋化为野土）。实际上，孔子对整个人生都领悟得特别透彻，他指出："人胥知生之乐，未知生之苦。知老之惫，未知老之佚。知死之恶，未知死之息也"④（许多人只知生的快乐，不知生的艰辛；只知老的疲乏，不知老的安逸；只知死是坏事，不知死可以安息）。

这些论述多么深刻，多么现实，又多么富有哲理。

2. 司法上不杀无辜

孔子曾任鲁国大司寇，即最高法官。这方面，他有一些今天都值得借鉴的主张。例如，他认为"与其杀不辜，宁失有罪。与其增以有罪，宁失过以有赦"⑤⑥（与其错杀无辜之人，宁可错放有罪之人。与其夸大罪过，宁可漏判罪行而予以赦免）。

他研究历史上的司法情况后，称赞古时一些审理人员：体察贫苦之情，哀怜孤独者、鳏夫、寡妇，宽免老人、小孩、残疾者和举目无告者。这些人有过失，古时必定赦免；小过不夸大，大罪不株连。对年老

---

① 《孔子家语·五仪解》.
② 《说苑·杂言》《韩诗外传》第1卷有类似记载.
③ 《礼记·祭义》.
④ 《列子·天瑞》.
⑤ 《尚书大传·周传》.
⑥ 《太平御览》第652卷、《孔丛子》上卷有类似记载.

幼弱者，不施刑；对有过失者，不处刑罚。进而提出，对老年人施刑，违背人性；对幼弱者施刑，谓之凶暴；不赦免有过失之人，谓之无德；对小过失夸大追责，谓之凶残（子曰："古之听民者，察贫穷，哀孤独矜寡，宥老幼不肖无告。有过必赦，小罪勿增，大罪勿累。老弱不受刑，有过不受罚。是故老而受刑，谓之悖；弱而受刑，谓之暴；不赦有过，谓之贼；率过以小，谓之枳。"[①]）

孔子担任鲁国大司寇一职时，还发生过这样一件事：有一场父子官司。孔子拘留了被告儿子，为慎重起见约3个月没有判决。那位父亲此时提出要求撤诉，停止这场官司，于是孔子把他的儿子放了。鲁国执政大夫季孙氏知道了这事，很不高兴地说：这位老人欺骗了我们。治理国家必以孝为原则，现风气不好，杀一个不孝儿子可以惩戒所有不孝之人，怎么能将他放了？冉有（孔子学生）把这些话告诉了孔子。孔子感叹地说：呜呼！君主丢掉了治国之道，臣下只知将罪人杀死，怎么可以呢？不教化百姓就判他们有罪入刑，这样不知道要错杀多少无辜之人啊！（"孔子为鲁司寇，有父子讼者。孔子拘之，三月不别。其父请止，孔子舍之。季孙闻之不说，曰：'是老也欺予。'语予曰：'为国家，必以孝。'今杀一人以戮不孝，又舍之！冉子以告。孔子慨然叹曰：'呜呼！上失之，下杀之，其可乎？不教其民，而听其讼，杀不辜也。'"[②]）

孔子在国外周游时，宋国君主曾问[③]，如何治国？孔子回答中重要的一条是：不要错杀无罪之人，不要放过有罪之人，使百姓在安全和道德上不感到困惑（"毋杀不辜，毋释罪人，则民不惑"[④]）。

3. 为政要"好生而恶杀"

孔子结束14年国外游荡生活，回到鲁国后，鲁国君主哀公经常问

---

① 《尚书大传·周传》.

② 《荀子·宥坐》.

③ 据吴龙辉《孔子语录全编》第441页：《说苑·政理》记为"梁君问"，按《孔子家语》改为"宋君问"，孔子时无梁国。

④ 《说苑·政理》.

政于他。有一次哀公问孔子，古时舜帝戴的是什么帽子？孔子未答。二问、三问后，孔子都没有对答，哀公便提出你为何不回答我提的问题？孔子说：古代圣王并没有正式的帽子，只是用东西遮盖头部、围着脖子而已。他们治国喜欢施仁惠，助众生，讨厌任意杀戮。所以，凤凰在国都周围的树林中栖息，麒麟在国都的郊野自由走动，乌鹊的巢都可以让人俯身观看。国君你不问这些，却问帝舜戴的是什么样的帽子，所以我没有回答你的问题（"鲁哀公问舜冠于孔子，孔子不对。三问，不对。哀公曰：'寡人问舜冠于子，何以不言也？'孔子对曰：'古之王者，有务而拘领者矣，其政好生而恶杀焉。是以凤在列树，麟在郊野，乌鹊之巢可俯而窥也。君不此问，而问舜冠，所以不对也'"①）。孔子还明确提出：征用未经训练的人民去打仗作战，是糟蹋生命（"以不教民战，是谓弃之"②）。

孔子一再说："古之政，爱人为大"③④（上古时候的君主，是以"爱人"为最重要的原则）；"爱政而不能爱人，则不能成其身。不能成其身，则不能安其土"⑤⑥（君主爱政而不能爱人，便不能成其为君主，也无法安定自己的疆土）；"季康子问政于孔子曰：'如杀无道，以就有道，何如？'孔子对曰：'子为政，焉用杀？子欲善而民善矣'"⑦（当时鲁国执政大夫鲁康子向孔子请教为政之道，说：如果用杀掉坏人，以成就好人的办法来治理国家，如何？孔子回答：为什么一定要用杀戮的办法来治理国家？当官的真想治理好国家，官员乐善行正，百姓自然会和善守纪）。他赞扬夏后氏时代（夏朝）不随意杀戮和施刑，同时坚决处罚有罪之人，故而老百姓都不轻易犯罪，社会安定（"夏后氏不杀不刑，罚有罪，而民不轻犯"⑧）。

① 《荀子·哀公》.

② 《论语·子路》.

③⑤ 《孔子家语·大昏解》.

④⑥ 《礼记·哀公问》《大戴礼记·哀公问于孔子》有类似记载.

⑦ 《论语·颜渊》.

⑧ 《尚书大传·周传》.

4. 天地之性，人为贵

孔子主张平时要少伤人、少死人，关注人生；司法上要"不杀无辜"；为政上要"好生而恶杀"，都是有其充分的原由的。正如他所论述的："天地之性，人为贵"[1]（天地之间万物各有其本性，其中人是最可宝贵的）；"天之所生，地之所养，无人为大"[2]（上天所生的，大地所供养的，没有比人更为伟大的）。而且，"死者不可复生，断者不可复续也"[3][4]（处死了的人不可复生，砍断了的肢体不可再续）。所以，为政要多"爱人"，不能好"恶杀"；判刑要慎重，不杀无辜，不随便用刑；平时要珍惜生命，注重人生。孔子这些主张，时至2500年后的今天，依然闪闪发光，具有现实的价值。

（三）孝不能损害生命

孔子是非常推崇孝的，一再强调说："天地之性，人为贵；人之行，莫大于孝"[5]（天地之间万物各有本性，其中人最可为尊贵；人的各种品行，没有比孝更为重要的）；"夫孝，德之本也，教之所由生也"[6]（孝，一切德行的根本，教化应从这里开始）；"五刑之属三千，而罪莫大于不孝。要君者无上，非圣人者无法，非孝者无亲。此大乱之道也"[7]（古时犯五刑之罪的有三千种之多，其中最重的则是不孝。胁迫君主者，是目无长上；诽谤圣人者，是目无章法；为人不孝者，是目无亲人。这三者是社会大乱的根源）；"教民亲爱，莫善于孝"[8]（教育百姓相亲相爱，没有比孝更好的办法），等等。然而，孔子反对无节制的孝，其节点是不能损害生命；孔子反对无原则的孝，其原则亦是不能戕害生命。

---

① ⑤ ⑥ ⑦ ⑧《孝经》.

②《礼记·祭义》.

③《尚书大传·周传》.

④《孔丛子》上卷有类似记载.

1. 主张有节制的孝

据《晏子春秋·内篇》记载，齐景公的宠妾婴子死了，景公守着她的尸体，三天不吃饭，死死地坐在她的床席上不愿离开。身边的人怎么劝导，景公都不听。卿大夫（当时执掌齐国军政日常工作的官职）晏子（晏婴）进来，劝说景公：殡殓死者，不能过于溺爱；送葬死者，不可过度哀伤。过度伤痛会危害自身，过度溺爱会伤及生理，过度悲哀会伤害性情，应该像古代圣王一样地有节制……殡殓用的棺椁、衣裳，不要过度耗费而损害活人的给养；对死者的哭泣哀伤，不能过分而影响活人的生存。孔子听说后，称赞说：这是晏子的肺腑之言（"景公之嬖妾婴子死。公守之，三日不食，肤著于席不去。左右以复，而君无听焉。晏子入……曰：'……敛死不失爱，送死不失哀。行伤则溺己，爱失则伤生，哀失则害性。是故圣王节之也……棺椁衣衾，不以害生养；哭泣处哀，不以害生道。'""仲尼闻之，曰：'……其晏子之谓欤'"）。

孔子在这方面还有不少论述。例如，"三日而食，教民无以死伤生，毁不灭性，此圣人之政也"[1]（父母死了三日便应该恢复吃饭，教育民众不要为了死者而伤害生者，居丧期间不可过度悲伤而违背人性，这是圣人的政令）。"身有疡则浴，首有创则沐，病则饮酒食肉。毁瘠而病，君子弗为也；毁而死，君子谓之无子"[2]（在为父母服丧期间，身上生疮可以洗澡，头上长疖可以洗头，饿病了可以饮酒吃肉。因悲痛而毁身得病，君子是不会这样做的；因哀伤而毁身死去，父母便白生了这个儿子）。进而，孔子提出真正的孝是"不敢毁伤""不亏其体""不辱其身"的，说："身体发肤，受之父母，不敢毁伤，孝之始也"[3]（儿女的身躯、四肢、头发、皮肤，都来自父母，做儿女的不应该让它轻易地受伤，这是孝道的开端）；"父母全而生之，子全而归之，可谓孝

---

①③《孝经》.
②《礼记·杂记下》.

矣。不亏其体，不辱其身，可谓全矣"①（父母完整地生下了子女，子女在生命终结时完整地归还他们，这是孝。身体不缺残，做人不受辱，这是完整的孝）。

由上可见，孔子不赞同无节制的孝、无原则的孝，而主张有节制的孝、有原则的孝，一再强调不能因孝而损害生命。

2. 主张有原则的孝

在《孔子家语·六本》中，记载有这么一件事：曾子（曾参，孔子学生）锄瓜地，锄断了一些瓜根。其父曾晳（亦是孔子学生）大怒，举起大棒击打他。曾子扑倒在地，让其父亲暴打，不省人事一段时间后苏醒过来，立即爬起来说：刚才我得罪了父亲，你打我是教育我，你有没有受伤？其后，曾子退至其房弹琴唱歌，以让父亲听到歌声，知道他平安无恙。孔子听说此事后，气愤地对学生说：曾参来，不要让他进来。曾子以为自己没有什么过失，托人以请教孔子。孔子说：你不是不知道瞽叟有个儿子，名叫舜吗？舜侍奉父亲，凡是父亲要他干活时从来没有不在父亲身边的；但是父亲要杀他的时候，从来未找到过舜。小的杖打，舜都等着挨打；大的杖刑，舜都跑掉了，以此躲避父亲的暴打。故而其父没有犯不父之罪，舜也不失孝子之名。现在，曾子你将身子交给父亲暴打，都不躲开，这是你以丢掉自己的性命来使父亲陷入不义，还有什么不孝能大过此种不孝？你难道不是老天爷的百姓？你父亲杀了老天爷的百姓，那是多大的罪过啊！曾参听说后说，我认识到我的不对。（"曾子耘瓜，误斩其根。曾晳怒，大杖以击其背。曾子仆地，而不知人久之，有顷乃苏，欣然而起，进于曾晳曰：'向也，参得罪于大人，大人用力教参，得无疾乎？'退而就房，援琴而歌，欲令曾晳而闻之，知其体康也。孔子闻之而怒，告门弟子曰：'参来，勿内。'曾参（原为"曾晳"，据《说苑》改之）自以为无罪，使人请于孔子。子曰：'汝不闻乎？昔瞽叟有子曰舜，舜之事瞽叟，欲使之，未尝不在于侧；

---

① 《礼记·祭义》.

索而杀之，未尝可得。小棰则待过，大杖则逃走，故瞽叟不犯不父之罪，而舜不失蒸蒸之孝。今参事父，委身以待暴怒，殪而不避，既身死而陷父于不义，其不孝孰大焉？汝非天子之民也？杀天子之民，其罪奚若？'曾参闻之曰：'参罪大矣'"①）。从曾子挨打的事中，我们可以清晰地看到孔子的鲜明态度：赞同舜（即舜帝，尧帝让帝位于舜）理解的"孝"，不赞同曾子理解的"孝"。因为后者的"孝"会导致"杀身"，且"陷父于不义"。

孔子还明确反对以活人或人俑（用土或木制成的人形殉葬品）殉葬陪伴死者的陋习。他认为这是一种残忍的做法，指出"始作俑者，其无后乎"②，即严厉批评最早发明和提倡用活人和人俑陪葬死者表示孝敬做法的人，认为他们会断子绝孙（"无后"）。《淮南子·缪称训》也记有："鲁以偶人葬，而孔子叹"（鲁国有用偶人即人俑去殡葬的陋俗，孔子叹惜这种做法太愚蠢，不尊重人的生命）。

三、 让生命各乐其性

孔子不但主张"教民无以死伤生"③（教育民众，不要为了死者而伤害生者），"毁不灭性"④（居丧期间，不可过度而违背人性），"万人皆及治"⑤（万民都能过上安定幸福的生活），同时主张要"仁厚及于鸟兽昆虫"⑥，实现"万物皆及生"⑦（万物都能及时得以生长），还主张要让生命"各乐其性"⑧（让生命自由地生长）。

---

① 《说苑·建本》有类似记录.
② 《孟子·梁惠王上》.
③④ 《孝经》.
⑤⑦ 《说苑·君道》.
⑥ 《孔子家语·五帝德》《大戴礼记·五帝德》.
⑧ 《韩诗外传》.第7卷.

据《韩诗外传》第7卷记载，有一次孔子带领弟子子路、子贡、颜渊三人，登上一座大山（古籍中称"景山"，"景"为大也）之顶，孔子兴奋地说：君子登高必要赋诗言志，你们三位都说一说各自的志向，我好给你们提一些启发性的意见。子路说：我希望带领军队，手持长戟，冲击敌军，即便身后有凶猛的母虎、身前有强大的仇敌，我也会像大鱼一样腾跃、蛟龙一样奋起，前去解救两国的患难。孔子说：你真是一个勇士！子贡说：两个诸侯国结成世仇，双方的将士已弩拔弓张地对阵，战马扰起的尘埃遮满天空，我能不用一件兵器、一斗军粮，消除两国的仇恨。重用我的诸侯国将长存，弃用我的诸侯国将渐亡。孔子说：你真是一位辩才。然后，颜渊表示不愿谈其志向。孔子问：你为什么不愿谈自己的志向？颜渊答：两位同学已谈了他们很好的志向，所以不敢谈我的志向。孔子说：各人性格不同，志向也各不相同，你谈谈你的志向，我将给你一点启示。颜渊讲：我愿意到一个小诸侯国做事，帮助该国君主实现以道治国；大臣们能注重德化，君臣同心同德，朝廷内外都能相互应和。各诸侯国都以该国为榜样，进行朝拜。成年人快速前来，老年人也相互搀扶着前至。礼义之教在百姓中推行，仁德之政在该国四方推行。没有一个诸侯国不放下兵器，齐聚着来到该国的国门。天下获得永久的安宁，各色昆虫升飞蠕动，都能按其本性自由地成长。招纳贤者，使用能人，各人都有相应的职位、相应的事宜。于是，君主安宁地居于上位，臣子在下位相互应和，垂衣拱手，无为而治，一切行动都遵循道义、合乎礼仪。弘扬仁义者得到奖赏，好战好斗者被处以刑罚。这样，还有什么危难需要仲由（子路）去解救？还有世仇需要端木赐（子贡）去消除？孔子高兴地说：你是一位圣士呀！伟大的人物一出现，小人就匿藏起来了。圣人起，贤者服。若是颜渊执政，那么子路、子贡便没有机会施展你们的才能了（"孔子游于景山之上，子路、子贡、颜渊从。孔子曰：'君子登高必赋，小子愿者何？言其愿。丘将启汝。'子路曰：'由愿奋长戟，荡三军，乳虎在后，仇敌在前，蠡跃蛟奋，进救两国之患。'孔子曰：'勇士哉！'子贡曰：'两国构难，壮士列阵，尘埃涨天，赐不持一尺之兵，一斗之粮，解两国之难。用赐者存，不用赐者亡。'孔子曰：'辩士哉！'颜回不愿。孔子曰：'回何不愿？'颜渊曰：'二子已愿，故不敢愿。'孔子曰：'不同，意各有事焉。回其愿，丘将启汝。'颜渊曰：'愿得小国而相之。主以道制，臣以德化，君臣同心，外内相应。列国诸侯，莫不从义向风，壮者趋而进，老者扶而至。教，行乎百姓；德，施乎四蛮。莫不释兵，辐辏乎四门。天下咸获永宁，蝖飞蠕动，各乐其性。进贤使能，各任其事。于是，君绥于上，臣和于下，垂拱无为，动作中道，从容得体。言仁义者赏，言战斗者死。则由何进而救？赐何难之解？'孔子曰：'圣士哉！大人出，小人匿。圣者起，贤者伏。回与执政，则由、赐焉施其能哉！'"）

从上述对话中，我们看到孔子很赞赏子路、子贡的志向，分别称赞他们是"勇士""辩士"，然而他更欣赏颜渊的志向，称赞他是"圣士"，并说"圣者起，贤者伏（伏，服也）"。他之所以更赞赏颜渊的志向，是因为颜渊的志向，"天下咸获永宁，蝖飞蠕动，各乐其性"，更高于子路"救两国之患"的志向、子贡"解两国之难"的志向，亦更加符合孔老夫子自己的志向。这个志向与孔子亲口对着子路、颜渊说的"老者安之，朋友信之，少者怀之"[1]的志向，是一脉相承的。在这里，更可贵的是：他的志向不仅是让人类"咸获永宁"，而且要让各种各样的生命"各乐其性"，自由地生长。这清晰地表明，孔子的思想从天下大同、人类"咸获永宁"，进到了天下大同、万物同乐的境界。

孔子具有这种思想不是偶然的。他说过："夫易之生，人、禽兽、万物、昆虫，各有以生"[2]（《周易》中释解的生命，人、禽兽、万物、昆虫都各有其生长的规律）；"别五土之性，而物各得其所"[3]。在这

---

① 《论语·公冶长》.
② 《大戴礼记·易本命》.
③ 《孔子家语·相鲁》.

里，生命"各有以生"（各有生长规律），在"五土"之上"各得其所"，让它们"各乐其性"，是完全贯通的，符合自然界的客观规律。一个多么正确而伟大的见解！

正因为孔子具有了生命"各有以生"，在"五土"之上"各得其所"的科学认识，才可能衍生出让生命"各乐其性"、万物同乐的思想。认识不到生命"各有以生"、在五土之上"各得其所"，不可能衍生出让生命"各乐其性"、万物同乐的思想。

孔子能认识到生命"各有以生"，在五土之上"各得其所"，是他长期观察、钻研生命现象的结果。在本章第一节"赞美生命"中，处处可见他观察和钻研生命现象之细、之准。他观察到"芷（芝）兰"独生于"深林"中，"非以无人而不芳"①，且是"王者香"②，象征着纯洁、高贵，至今人们都是如此认识的。他观察到天最寒冷的时候，松、柏的树叶才开始凋谢，由此形成今天常用的"松柏常青"一词。他观察到马蚿（即马蚿）一些脚折断了，然而能继续前进的现象，并钻研了一阵，得出因为它多足的正确结论。实际上，孔子的博学尤其是在生命方面的丰富知识当时已闻名鲁国内外。例如，据《说苑·辨物》记载："楚昭王渡江，有物大如斗，直触王舟，止于舟中。昭王大怪之，使聘问孔子"，才有本章第一节孔子曰，"异时小儿谣曰：楚王渡江得萍实……"那一段话。同样，据《说苑·辨物》记载："齐有飞鸟，一足，来下，止于殿前，舒翅而跳。齐侯大怪之，又使聘问孔子。孔子曰：'此名商羊，急告民趣治沟渠（赶紧告诉百姓尽快整修沟渠），天将大雨。'于是如之，天果大雨，诸国皆水，齐独以安。"

孔子及其弟子对生命活动观察之细，对生命现象了解之深，还有一些典型的事例。一天早晨，孔子站在屋堂上，听远处的哭泣声很悲

①《荀子·宥坐》.
②《琴操》.上卷.

61

哀。孔子同情地拿起瑟，弹奏出与哭泣声相同的音调。孔子走出屋子，听到有人感叹，问：谁在叹息？颜回答说：是我。孔子又问：你为什么叹息？颜回答：今天这个哭声非常悲惨，不仅哭死去的亲人，也哭与他生离的亲人。孔子进一步问：你怎么知道的呢！颜回又答：这哭声很像完山上的鸟啼。孔子再问：完山上的鸟啼是怎么样的呢？颜回说：完山上的母鸟生有4只小鸟，小鸟的翅膀长大了便要飞向远方，母鸟便会哀鸣地送别小鸟，所以哀鸣的是送出的啼声而没有回返的啼声。孔子叫人去问那哭泣的人为什么哭？那人回答说：我父亲去世了，家贫只能卖子葬父，现在我既要与父亲死别，又要与亲生儿子生别。孔子说：了解得真细啊！颜回是个圣人（"孔子晨立堂上，闻哭者声音甚悲。孔子援瑟而鼓之，其音同也。孔子出，而弟子有吒者。问：'谁也？'曰：'回也。'孔子曰：'回，何为而吒？'回曰：'今者有哭者，其音甚悲，非独哭死，又哭生离者。'孔子曰：'何以知之？'回曰：'似完山之鸟。'孔子曰：'何如？'回曰：'完山之鸟，生四子，羽翼已成，乃离四海，哀鸣送之，为是往而不复返也。'孔子使人问哭者，哭者曰：'父死家贫，卖子以葬之，将与其别也。'孔子曰：'善哉，圣人也！'"①）可见，颜回对鸟的啼声、人的哭声观察之细和了解之深，证明他在景山上说志向时提出要让生命"各乐其性"，不是偶然的。这亦从一个方面证明了孔子的询问之细、钻研之深，从而形成他对不同的生命"各有以生"、在五土之上"各得其所"的规律性认识，进而主张让生命"各乐其性"。

①《说苑·辨物》.

四、不知命，无以为君子

孔子在赞美生命，珍视生命，主张让生命自由地生长的基础上，提出了"不知命，无以为君子"[①]的命题。即把是否"知命"（知道生命的价值，珍惜生命），提高到了做人的道德标准高度。

（一）一个全新的释解

在过去约2500年中，对这个伟大的命题的注释都曲解了：传统的说法把其中的"命"，释解为"命运""天命"，故而把全句注释为："不懂得命运，没有可能成为君子"等话[②③]。进而，分析认为："毫无疑问，孔子相信'命'。在他看来，小自人之死生，大至道之行废，一切皆由命定。天命不仅存在，而且可知，所以'不知命，无以为君子也'"[④]"孔子所说的'知天命'，不是教人研究自然的规律，而是教人明白上帝的命令；所说的'畏天命'，亦不是教人顺从自然规律，而是教人敬服上帝的命令。这……是一种有神论的宗教世界观"[⑤]。

上述注、释都是值得商榷的。他们都不了解孔子那么热忱地赞美生命；不了解孔子那么热烈地挚爱生命、珍惜生命，不了解孔子已认识到不同的生命"各有以生"，在五土上"各得其所"；更不了解孔子的主张让生命"各乐其性"，从而作出误释、误批。实际上，"不知命"的"命"是指生命，"不知命，无以为君子"的正确释解是：不知爱惜生命者，不可能成为君子，或说不知关爱生命者，不可能成为君子。

唯有这样的释解，才能与本章第一节孔子那么热忱地赞美生命的言论相一致；唯有这样的释解，才能与本章第二节孔子那么热烈地挚爱

---

①《论语·尧曰》.

②杨伯峻译注.《论语译注》（简体字本）.第238页.北京：中华书局.2006.

③吴龙辉.《孔子语录全编》.第134页.北京：北京图书馆出版社.1982.

④蔡尚思.《孔子思想体系》.第94页.上海：上海人民出版社.1982.

⑤赵纪彬.《论语新探》.第88页.北京：人民出版社.1959.

生命、珍惜生命的言行相一致；唯有这样的释解，才能与本章第三节孔子在生命"各有以生"的认识基础上，形成让生命"各乐其性"的主张相一致；也唯有这样的释解，才能与其他一系列的记载相沟通，从而避免梗阻和矛盾。例如，①"子罕言利，与命与仁"①，应解释为孔子很少谈论利，赞许生命和仁爱。②"子不语怪、力、乱、神"②，笔者解说为孔子一生不愿谈论怪异、力斗、动乱、鬼神。有的著作把"力"释为"勇力"③，笔者认为值得讨论。因为此处的"力"是个贬义词，而"勇力"是个褒义词。《论语·为政》曰："见义不为，无勇也"；《说苑·尊贤》曰："其壮也，有勇而不屈"等。故而，此处的"力"释为"力斗"似更妥然。有的书籍把"乱"注为"叛乱"④，笔者认为释解为"动乱"似更妥，更符合孔子的原意。力斗、动乱都会伤及生命，所以孔子不愿谈论。至于怪异、鬼神，因为"未能事人，焉能事鬼"⑤（孔子认为人尚不能很好地侍奉，哪有时间去侍奉鬼神），因此他不愿谈论怪异和鬼神。可见，孔子"不语怪、力、乱、神"，关键所在是他关爱生命，不愿有任何可能伤及生命的言行。③"子之所慎：齐、战、疾"⑥，是说孔子一生小心慎对的事有三类：斋戒（"齐"通"斋"，斋戒指祭祀前的沐浴更衣、戒其嗜欲），战争，疾病。斋戒是祭祀先辈的生命，战争、疾病都会危及人的生命。可见，孔子一生小心慎重对待的三类事，亦都是与关爱生命直接相关的事。

（二）一个伟大的命题

"不知命，无以为君子"，是孔子在2500年前提出的一个伟大命题。他把"知命"（关爱生命）这个人类最关心的核心问题，引入伦理学中，成为做人的一个重要标准。

①《论语·子罕》.

②⑥《论语·述而》.

③④吴龙辉.《孔子语录全编》.第114页.北京：北京图书馆出版社.2007.

⑤《论语·先进》.

孔子在《论语》中论述了各式各样的人，有"圣人""贤人""善人""仁人""惠人""君子（人）""恶人""佞人""小人"等。其中，最值得探讨的一组词是"君子"和"小人"。例如：

君子周而不比，小人比而不周（君子是要团结，不要结党营私；小人是要结党营私，不要团结）。

（《为政》篇）

君子喻于义，小人喻于利（君子注重义，小人注重利）。

（《里仁》篇）

君子坦荡荡，小人长戚戚（君子心胸宽广，小人心胸狭窄）。

（《述而》篇）

君子和而不同，小人同而不和（君子主张多样和谐，小人主张同流合污）。

（《子路》篇）

君子求诸己，小人求诸人（君子依靠自己，小人依仗他人）。

（《卫灵公》篇）

君子有三畏：畏天命，畏大人，畏圣人之言。小人不知天命而不畏也，狎大人，侮圣人之言。

（《季氏》篇）

以上六例，清楚地显示了君子和小人在世界观、人生观上的差别。诚如冯友兰所言："这里所谓'君子''小子'是就道德方面说的"①。所以，笔者认为孔子眼中的"君子"，即是道德楷模者；孔子眼中的"小人"，则是缺乏道德或没有道德者。故而，"不知命，无以为君子"，即是说不知道关爱生命者，无法成为道德楷模者。孔子说君子要避免的"三不"："不知命，无以为君子也；不知礼，无以立也；不知言，无以知人也"②（不知道关爱生命者，无法成为道德楷模者；不知道义礼者，无法立足于社会；不知道分辨言语者，无法辨清人的真伪）。其中，他把"不知命"列在第一位。这就是说，孔子认为：不知道关爱生命者，一定是不懂礼义者，也一定是不会分辨语言是非者。换句话说：只有是关爱生命者，才可能是懂得礼义者，也才可能是善于分辨语言是非者。而"小人不知天命而不畏也，狎大人，侮圣人之言"③，指出缺乏道德或没有道德者正是不懂得关爱生命，所以他目空一切，不崇天，不敬地，不尊山，不亲水，无视有道德的人（"狎大人"，轻侮圣人之言。君子则截然相反，他"有三畏：畏天命，畏大人，畏圣人之言"④，即他关爱生命，崇天、敬地、尊山、亲水、尊重有道德的人、遵从圣人之言。孔子即是君子的典范。编纂《论语》的孔子弟子深知孔子思想或说孔子"仁学"的核心问题是善待生命，因而把"不知命，无以为君子"的一句话，放到末篇末首的第一句话，作为全书的总结，即作为经典著作《论语》全书的一个总结。

　　关爱生命，崇天敬地，尊山亲水，尊重有道德的人，遵从圣人之言，也是现代人做人的标准。

①冯友兰.《中国哲学史新编》.北京：人民出版社.1998.

②《论语·尧曰》.

③④《论语·季氏》.

　　孔子敬天亲地，尊山爱水，善待自然，尊重自然，同时他也尊重并重视自然的物化形式——科学与技术。

　　然而，近百年以来中国传统文化阻碍科学技术发展、儒家贱器、孔子鄙视生产和科学技术的噪声充斥书籍报刊。例如，清华大学一位教授于2012年在国际著名、权威的学术性刊物《自然》（*Nature*）上，发表《传统文化阻碍中国科学研究》（*Culture History Holds Back Chinese Research*），说：孔子思想"阻碍中国科学发展"，传统文化"使得中国社会产生科学上的空白"[①]。这是很不严肃的言论，完全不符合中国历史的客观实际。事实是："中国古代不但有科学，而且曾经长时期地居于世界前列，至少有甲骨文记载的商周以来至17世纪上半叶中国古代科学技术一直居于世界前列；在公元3～15世纪，中国科学技术则是独步世界，占据世界领先地位千余年；中国古人富有创新精神，据统计，公元前6世纪至公元1500年的2000多年中，中国的技术、工艺发明成果约占全世界的54%；现存的古代科学技术文献数量，也超过世界任何一个国家"[②]。据笔者考订，截至目前孔子在中国历史上最先提出"利器论"，最早号召人们要"多识于鸟兽草木"知识，首次全面系统地记载天地之象和自然灾异，首先全面教授科学文化知识，率先提出"学习论"。本章拟从上述五个方面及其孔子"对中国古代科学技术发展的推动"，分为六节加以论述。

①官鹏.《传统文化阻碍中国科学研究》（*Culture History Holds Back Chinese Research*）.载《自然》（*Nature*）2012年1月26日（第481期）.
②孙关龙、宋正海.《中国传统文化的瑰宝——自然国学》.总序.深圳：海天出版社.2012.

一、工欲善其事，必先利其器

2500年来，社会上一直流传着一句名言："工欲善其事，必先利其器。"即是说，要又好又快地做事，首先而且必须要具备相应的锐利的器具。这个"利器论"，因为科学，符合实际，2500年来一直为人们所公认，且流传至今仍在广泛地使用。提出这个科学"利器论"的人，不是他人，正是儒学的创始人孔子，出处可见《论语·卫灵公》篇。

孔子非常重视"器"和技艺，其重视程度令人刮目相看。除在中国历史上最先总结提出"工欲善其事，必先利其器"的"利器论"外，笔者还挖掘出与此相关的孔子的一系列新材料。

（一）重器

孔子并不"贱器"，相反，他是很重视器具的作用的。他讲："车唯恐地之不坚也，舟唯恐水之不深也。有其器，则以人之难为易"①（车辆最害怕地面不坚实，无法走动；船只最害怕水体太浅，开不起来。有了这些器物，人过江河、去远地之难都变得容易了）。他又说："升高而招，非臂之长也，而见者远；顺风而呼，非声加疾也，而闻者著；假车马者，非利足也，而致千里；假舟楫者，非能水也，而绝江海。君子之性非异也，而善假于物也"②（人居高能招呼四方，不是他的手臂之长，而是登高能远望；人顺风呼叫，声音没有加大，但闻者能听得更为清晰；搭乘车马者，没有迈开他的双足，就能纵横千里；乘坐舟船者，不用入水拼搏，就能走遍大江大海。君子的本领之高不是他有特殊功能，而是他善于利用器物也）。后一段话也充分证实了孔子的前一段论述，有其器"人之难为易"：不搭乘车马者，仅凭双足，是难以纵横千里的；不乘坐舟船者，入水拼搏，是不可能走遍江海的。

一次，孔子的得意弟子子贡问：您认为我这个人怎么样？（"赐

---

① 《尸子·劝学》（汪辑本）.

② 《大戴礼记·劝学》.

也，何如？"）孔子称赞说：你犹如一件器物（"女，器也"）。子贡进一步问：什么器物？（"何器也？"）孔子则说：宗庙中盛放黍稷的瑚琏（"瑚琏也"）①。瑚琏，即簠簋，古代祭祀时盛放粮食的器具，方形的叫簠（fu），圆形的叫簋（gui），"是相当尊贵的"器具②。孔子把自己的得意弟子比喻为器，可见器在孔子心目中的地位。诚然，孔子讲过"君子不器"③的话，但是此话不是"君子可以不重视器物"的意思，而是指"君子不是器物"之意④，即君子不能像器具那样机械死板，还要发挥其主观能动性。

孔子是个伟大的思想家，他重视器物，因而非常善于从科学技术知识的层面上对一些器具进行总结，进而上升至思想的高度，提出类似"利器论"那样的名言。例如，他提出"朽木不可雕也，粪土之墙不可圬也"⑤，认为腐朽的木材无法雕刻，粪土一样的墙壁无法粉刷，以此批评有的弟子不勤奋好学，难以成为优秀人才。又如，他说"大车无輗，小车无軏，其何以行之哉？"⑥严厉批评一些不讲信用的人，是什么事都干不成的，犹如大车（牛车）没有輗（车辕前横木上的木销子）、小车（马车）没有軏（车辕前横木上的木销子），车子上的其他部位零件再好，外观再漂亮，也都是无法行走的。再如，孔子指出"不曰坚乎，磨而不磷；不曰白乎，涅而不缁"⑦，即坚硬的石头，怎么磨也是磨不薄、磨不碎的；洁白的玉石，怎么染也是染不黑的，以此告诫子弟要洁身自好，出污泥而不染。还如，孔子以"暴虎冯河，死而无悔"⑧之言，批评那些丢弃了必要的武器去与老虎空手搏斗，抛弃了舟船去蹚深水过河，且至死不知悔改的鲁莽者，等等。这些名言全都出自《论语》。《论语》是部政治性、伦理性的书，然而丝毫不影响这些名句所闪烁的科学知识或科学原理；也充分显示孔子对器物的重视及其高

①⑤《论语·公冶长》.
②杨伯峻.《论语译注》（简体字本）.第47～48页.北京：中华书局.2006.
③⑥《论语·为政》.
④李泽厚.《论语今读》.第61页.合肥：安徽文艺出版社.1998.
⑦《论语·阳货》.
⑧《论语·泰伯》.

超的观察能力、比喻能力。

上述一个又一个实例，充分地证明孔子提出"利器论"，是有其坚实的思想基础的。如果孔子"贱器"，鄙视科学技术，那他不可能提出上述一系列富含科学知识、富有人生哲理的名言，更不能提出至今闪烁科学光芒的"利器论"。

（二）尚技

孔子崇尚技艺，可以说其崇尚程度不亚于今人。他说：掌有国家的人，重视人才而轻看爵禄，那么在百姓中便会形成谦让之风；崇尚技艺而看轻车服（指当时有地位者的生活待遇），那么在百姓中便会形成重视技艺之风（"有国家者，贵人而贱禄，则民兴让；尚技而贱车，则民兴艺"）[①]。而且，他把技艺提高到与"道""德""仁"并列的地位，说"志于道，据于德，依于仁，游于艺"[②]（立志要高远，以德为基础，从仁爱出发，以技艺为生计）。"艺"为"技艺"，在当时指"六艺"，即礼（礼节等文化）、乐（音乐等艺术）、射（射击等军体）、御（驾车等技术）、书（文字等文史知识）、数（数学等科学知识）六种技艺。南怀瑾认为"志于道，据于德，依于仁，游于艺"，是孔子思想的真谛、中心，"孔子教育真正的目的，立己立人，都是这四点（道、德、仁、艺）"[③]。笔者认为这是孔子概括人生必备的"四大要素"，技艺则是人生四大要素之一，可见技艺在孔子心目中的位置。

这也可从另一位弟子子路与孔子的一次对话中得到旁证。子路问怎么做一个完美的人（"子路问成人"），孔子答：像臧武仲那样富有智慧，像孟公绰那样清心寡欲，像卞庄子那样勇敢无畏，像冉求那样技艺高超，再辅以礼乐，即可以成为一个完美的人（"若臧武仲之知，公绰之不欲，卞庄子之勇，冉求之艺，文之以礼乐，亦可以为成人矣"）[④]。

---

① 《礼记·坊记》.

② 《论语·述而》.

③ 南怀瑾.《论语别裁》.第274页.上海：复旦大学出版社.2000.

④ 《论语·宪问》.

这里，孔子把技艺与智慧、道德、勇敢、礼乐并列，作为完美之人的必备条件。也就是说，孔子认为缺失了技艺便不可能成为一个"成人"。

孔子崇尚技艺还有一系列的实例。据《韩诗外传》第2卷记载：孔子曾以颜氏三人不同的驾车技术，形成完全不同的三种效果，形象地说明技艺的重要性。他指出：①颜无父的驾车技术高超，马拉着车，倍感轻松，知道驾车的人喜爱它，它也喜爱干这件事。假如马能说话，它一定会说："快乐啊！今天在奔跑！"②颜沧的驾车技术稍逊些，马拉着车，不感到吃力，知道驾车的人尊重它，它表示愿意做这件事。假如马能说话，它必定会说："跑啊跑，有人在驱使我！"③颜夷的驾车技术则差多了，马拉着车，倍感沉重，惧怕驾车的人，它畏惧地拉着车。假如马能说话，它必将说："跑啊！跑啊！若不快跑，那人将杀死你。"所以，驾车有技法，统治百姓有原则。技法高超了，马和顺而欢乐；原则对头了，百姓就会安定而富有（"孔子云：美哉颜无父之御也，马知后有舆而轻之，知上有人而爱之，马亲其正而爱其事。如使马能言，彼将必曰：'乐哉，今日之驺也！'至于颜沧少衰矣，马知后有舆而轻之，知上有人而敬之，马亲其正而敬其事。如使马能言，彼将必曰：'驺来，其人之使我也！'至于颜夷而衰矣，马知后有舆而重之，知上有人而畏之，马亲其正而畏其事。如使马能言，彼将必曰：'驺来！驺来！女不驺，彼将杀女。'故御马有法矣，御民有道矣。法得则马和而欢，道得则民安而集"。）据《庄子·天地》篇记载有这么一件事：子贡南游到楚地，劝汉阴丈人以"用力少，见功多"的桔槔取水。汉阴丈人以"非吾不知，羞而不为"的理由加以拒绝，坚持"用力甚多而见功寡"的"抱瓮而出灌"的取水方法，并说："有机事者必有机心，有机心存于胸中，则纯白不备"（重视机械者一定有不纯的邪心，有邪心存于身中，则没有道德也）。子贡回到鲁国后把此事告诉了孔子，孔子全盘否决了汉阴丈人的说法和做法，批评汉阴丈人是假修术者，"识其一，不知其二；治其内，而不治其外"，并进一步指出真修术者应该明白桔槔的组成、功能、性质和特点（"夫明白入素，无为复朴，体性抱神"）。此一件事说明：①孔子对先进的技术并不守旧。②孔子对桔槔这一类先进机械的知识是相当熟悉的。

（三）多能

孔子不但重视器具、崇尚技艺，而且积极投身于实践中，故而在当时即是一个知名的多能者。据《论语》记载：有一次太宰（官名，哪国人和具体名不详①）问子贡：孔老先生是一位圣人吗？他为何具有那么多的技能？子贡答：这是上天要让他成为圣人，又使他具有那么多技能。孔子听说此事后说：太宰了解我吗？我小时候生活贫困，因此学会了许多鄙贱的技能。这样的君子多吗？不会很多的（"太宰问于子贡曰：'夫子圣者与？何其多能也？'子贡曰：'固天纵之将圣，又多能也。'子闻之，曰：'太宰知我乎？吾少也贱，故多能鄙事。君子多乎哉？不多也'"②）。孔子又说过："吾不试，故艺"③（我不被国家所用，故而学会了许多技艺）。

本书各章节的很多实例可以说明，孔子是位"多能"者。据史书记载，孔子是一位"长人"，身高"九尺六寸"（"孔子长九尺有六寸，人皆谓之'长人'而异之"）④⑤。以周尺折算，折合今制身高约为1.91米⑥，有学者按汉尺折算为2.21米⑦，欠妥。而且他是一位大力士，能够力挺城门。西汉的《淮南子》说：孔子智慧超过苌弘（周敬王时的大夫），勇力赛过孟贲（古代勇士），快跑能追上野兔，举重能够力顶城门，多个方面的能力超群（"智过于苌弘，勇服于孟贲，足蹑郊菟，力招城关，能亦多矣"）。战国晚期的《吕氏春秋》也说："孔子之劲，举国门之关"（孔子力大无穷，能把城门托举起来）。郭沫若则称赞他为

---

① 杨伯峻.《论语译注》.第101页.北京：中华书局.2006.
②③《论语·子罕》.
④《史记·孔子世家》.
⑤《孔子家语·困誓》《论衡·骨相》《白虎通·寿命》有类似记载.
⑥ 孙关龙.《重读〈论语〉，重识孔子》.载《科学》2005年（第57卷）第5期.
⑦ 李零.《丧家狗》.第2页.太原：山西人民出版社.2007.

"千斤大力士"①。孔子还会捕鱼、打猎、饲养牛羊；能当会计，会办丧事；会种庄稼，但不如老农；会种蔬菜，但不如老圃等。毛泽东在年轻时，曾表扬孔子：许多国人以为"精神、身体不能并完，用思想之人每欺于体，而体魄蛮健者多缺于思，其说亦谬。此盖指薄志弱行之人，非所以概乎君子也。孔子七十二而死，未闻身体不健"②。

至于礼、乐、射、御、书、数六艺而言，孔子几乎是样样精通。

1.礼和书。礼、书则无需多说，大学问家、思想家孔子是众所周知的精通，精通到当时似无人能与之相比的地步。

2.乐。孔子是出乎人们意料的精通：他会击鼓弹琴，其琴技高超到闻其声犹如见其人的地步。史载孔子曾向鲁国大乐官师襄子学鼓琴一事，所演奏的《文王操》，不但奏出了韵味，而且到了听其声犹如见到了周文王的程度（"孔子学鼓琴师襄子……孔子曰：'丘已习其曲矣，未得其数也。'有间，（师）曰：'已习其数，可以益矣。'孔子曰：'丘未得其志也。'有间，（师）曰：'已习其志，可以益矣。'孔子曰：'丘未得其为人也。'有间，（师）曰：'有所穆然深思焉，有所怡然高望而远志焉。'曰：'丘得其为人……非文王其谁能为此也！'师襄子辟席再拜，曰：'师盖云《文王操》也'③）。他能击磬弹瑟，击、弹的技艺高超到能以声代言：《论语》中记有鲁国人孺悲来想见孔子，孔子托言有病拒绝接待，遣传命者转达，传命者刚出房门，孔子便弹瑟而歌，让来者听到不愿接待之声（"孺悲欲见孔子，孔子辞以疾，将命者出户，取瑟而歌，使之闻之"④）。第五章第三节说了，孔子弹瑟能弹奏出与哭泣声相同的音调。孔子爱好唱歌，也很会唱歌：听到别人唱得好时，就让人再唱一遍，他跟着唱（"子与人歌而善，必使反之，而后和之"⑤）。除遇到丧事当天不唱外，几乎没有一天不唱歌（遇到丧事

---

①郭沫若.《十批判书》.北京：科学出版社.1956.
②毛泽东.《体育研究》.载《毛泽东早期散文稿》.第70页.长沙：湖南出版社.1990.
③《史记·孔子世家》.
④《论语·阳货》.
⑤《论语·述而》.

"子于是日哭，则不歌"①），直到临终前七天，还流着泪悲唱："太山坏乎！梁木摧乎！哲人萎乎！"②孔子能识谱作曲，在齐国听到《韶》乐，陶醉三个月不知肉味（"与齐太师语乐，闻《韶》音，学之，三月不知肉味，齐人称之"③）。孔子整理《诗经》的诗文时，同时整理了《诗经》的音乐，每一首诗他都"皆弦歌之"，使之成为名副其实的诗歌（《诗经》"三百五篇，孔子皆弦歌之，以求合《韶》《武》《雅》《颂》之音"④）。因此，毛泽东称孔子为"音乐家"⑤，有学者说孔子"是一位造诣很深的大音乐家"⑥。

3. 射和御。射、御的技能，孔子是相当高超的。有一次，一个达巷党之地的人说：孔子真了不起，学识广博，可惜没有可以使他成名天下的一技之长（"达巷党人曰：大哉，孔子！博学而无所成名"⑦）。孔子听说后，似开玩笑地对学生讲：我应该专心哪一项技术呢？驾车好，还是射箭好？我还是驾车吧（"子闻之，谓门弟子曰：吾何执？执御乎？执射乎？吾执御矣"⑧）。此段话，笔者认为至少有两层含义：一是表明技术在当时社会上备受重视，达巷党这么一个小地方的一般人物，都以是否具有一技之长来评判一个人，且认为孔子这样博学多能的人还缺一技之长。二是孔子的回答说明，他对射箭、驾车都非常爱好，且具有相当高的技艺，以至在这两项技术之间选择哪一项为其专长时犹豫不决。孔子的驾车技术高超到了十分了不起的地步，据《论语》记载，他流亡到楚国边上时，六十三岁高龄的他依然能驾车，且在一条大河旁的田野上自如地驾着车找渡口（"长沮、桀溺耦而耕，孔子过之，使子路问津焉"⑨）。孔子的射箭技艺亦是很高超的，他说过君子可以什么都不争，但是射箭技术的高下则是一定要争的（"君子无所

---

① 《论语·述而》.

②③④ 《史记·孔子世家》.

⑤ 毛泽东.《同音乐工作者的谈话》.载《毛泽东文集》.第7卷.第51页.北京：人民出版社.1999.

⑥ 匡亚明.《孔子评传》.第341页.济南：齐鲁书社.1985.

⑦⑧ 《论语·子罕》.

⑨ 《论语·微子》.

争，必也射乎"①）。并提出衡量射箭技艺高下的标准，主要不是力量大小、能否射穿箭靶，而是要求射准（"射不主皮，为力不同科，古之道也"②）。他的射箭技艺高超到能够射飞鸟，但从来不射回巢的鸟（"弋不射宿"③）。从孔子能教三千弟子"五射"（古代五种射箭方法）、"五御"（古代五种驾车技术），亦可窥知孔子射、御技艺的高超。

而且，孔子在射、御方面从技术层面上总结出一系列名言：例如，他说："狂马不释其策，操弓不返于檠（檠，qíng，为矫正弓箭的器具）"④（驾驭狂马不能释放马鞭，使用弓箭不能离开檠具）；"括而羽之（括，通"栝"，为箭尾），镞而砥砺之，其入不益深乎？"⑤（箭尾加上羽毛，装上磨得锋利的箭头，那不是能射得更深吗？）又如，孔子讲弓箭首先必须调整合适后，才能加强劲射出；马匹首先要驯服可乘，然后才能求其能跑、快跑（"弓调而后求劲焉，马服而后求良焉"⑥）。再如，孔子引用《尚书》中《太甲》篇的话，指出：要像虞官那样，张开弓箭，细心察看箭尾，瞄准以后才能发射（"若虞机张，往省括于厥度则释"⑦）。包括前述的"大车无輗，小车无軏，其何以行之哉"⑧"车唯恐地之不坚也"⑨，等等。这些都是孔子在射箭、驾车大量实践中总结出来的经验教训。

4. 数。孔子能教"数"，即"九数"（古代九种算法），说明他在这方面亦有一定的造诣。他年轻时当过委吏（管理仓库的小官），把原先混乱的账目搞得一清二楚。他整理的《诗经》中保留大量的数学知识，以至出现极限数字"秭"。他曾说："布指知寸，布手知尺，舒肱知寻，舒身见常"⑩（看手指就知道"寸"的长度，看手掌就知道"尺"

---

①②《论语·八佾》.
③《论语·述而》.
④⑤《说苑·建本》.
⑥《荀子·哀公》.
⑦《礼记·缁衣》.
⑧《论语·为政》.
⑨《尸子·劝学》（汪辑本）.
⑩《太平御览》.第830卷.

的长度，伸长手臂就知道"寻"的长度，看人的身高大致知道"常"的长度）。这个认识是有科学依据的，且易用好记。寸（市寸，下同）、尺（市尺，下同）、寻、常都是春秋时期的长度单位，当时一寸相当于今天的1.9厘米（周制），与手指节长度相仿；十寸为一尺，当时一尺相当于今天的19厘米（今一尺相当于33.33厘米），与手掌的长度相仿；八尺为一寻，也有七尺或六尺为一寻的①，当时一寻约相当于今天的1米，与手臂长度相仿；倍寻则为常，十多尺为一常②，当时一常约相当于今天的2米，与"长人"的身高相仿。在《论语》中，孔子批评当时的执政者为"斗筲之人"③（器量狭小的人）；为救济老人粮食，孔子"与之釜""与之庾"，最终"与之粟五秉"（"子华使于齐，冉子为其母请粟。子曰：'与之釜。'请益。曰：'与之庾。'冉子与之粟五秉"④）。斗（市斗，当时1市斗＝10市升＝1/10市石）、釜、庾均是春秋时期的容器，又是当时的容量单位，秉为当时的容量单位。那时，一斗约相当于今日的五分之一斗⑤；一釜当时为六斗四升，约相当于今天的一斗二升八合；一庾当时为二斗四升，相当于今日的四升八合；一秉当时为十六斛，当时以十斗为一斛，故一秉为一百六十斗（南宋至民国初年改五斗为一斛）⑥。可见，孔子在计量方面的知识是相当丰富的。

上述材料，向人们展现了一个"多能""博学"的孔子，一个德智体乐全面发展的知识分子形象。

（四）"病无能"

孔子不但重器，提出"工欲善其事，必先利其器"⑦，"有其器"使"人之难为易"⑧，"君子之性"是"善假于物也"⑨；而且，崇尚技

---

①②华夫主编.《中国古代名物大典》.第1册.第1192页.济南：济南出版社.1992.

③《论语·子路》.

④《论语·雍也》.

⑤吴龙辉.《孔子语录全编》.第10页.北京：北京图书馆出版社.2007.

⑥杨伯峻.《论语译注》.第62～63页.北京：中华书局.2006.

⑦《论语·卫灵公》.

⑧《尸子·劝学》（汪辑本）.

⑨《大戴礼记·劝学》.

艺，提出国家要"尚技而贱车"，民间要兴技艺[①]，把技艺列为自己的核心思想之一、人生的四大要素之一（"克于道，招于德，依于仁，游于艺"[②]）。孔子自己还积极投身于实践中，成为技艺"多能"者[③]，精神和身体"并完"者[④]，精通"六艺"者，并在中国历史上第一次提出又一个重要的命题："君子病无能焉，不病人之不己知也"[⑤]（君子应该忧虑自己缺乏技能，不担忧别人不了解自己）。

对此，孔子还说过类似的一句话："不患人之不己知，患其不能也"[⑥]（不要担心别人不了解自己，应该忧虑自己的技能低下）。孔子即是这方面的典型。他小时，已由贵族世家沦落为贫且贱的平民，父亲早逝，为了生计，他学会了许多粗活，正如他自己说的"吾少也贱"[⑦]。但他"十有五而志于学"[⑧]，一直以"病无能"（担心没有技能），"愚其不能"（忧虑技能低下）激励自己。他"好学"（"十室之邑，必有忠信如丘者焉，不如丘之好学"[⑨]），"多闻""多见"（"多闻，择其善者而从之。多见而识之"[⑩]），"每事问"（"子入太庙，每事问"[⑪]），"不耻下问"（"敏而好学，不耻下问"[⑫]），虚心向人求教，"三人行，必有我师焉"[⑬]，从而造就了他的博学、多能。

与孔子"多能"有关的，现在社会上流行的两个观点需要在此讨论一下。

①樊迟请学稼而引起的孔子鄙视农民的问题。

其原文是这样的："樊迟请学稼，子曰：'吾不如老农。'请学为圃，曰：'吾不如老圃。'樊迟出，子曰：'小人哉，樊迟也！上好礼，

---

①《礼记·坊记》.

②⑩⑬《论语·述而》.

③⑦《论语·子罕》.

④毛泽东.《体育研究》.载《毛泽东早期文稿》.第70页.长沙：湖南出版社.1990.

⑤《论语·卫灵公》.

⑥《论语·宪问》.

⑧《论语·为政》.

⑨⑫《论语·公冶长》.

⑪《论语·八佾》.

则民莫敢不敬；上好义，则民莫敢不服；上好信，则民莫敢不用情。夫如是，则四方之民襁负其子而至矣，焉用稼？'"①（樊迟请求学种庄稼，孔子答："我不如老农。"请求学种蔬菜，孔子答："我不如老菜农。"樊迟退出去之后，孔子说："樊迟真是个小人！当官的讲究仁礼，百姓没有不尊敬他们的；当官的行为正派，百姓没有不服从他们的；当官的诚实有信，百姓没有敢不说真话的。如果是这样，四方的人们都会背负孩子前来投奔，还用你去种庄稼吗？"）

这里的关键，是"小人"指什么？或说"小人"是不是指"老农""老圃"。涉及小人问题，赵纪彬在五十七年前写有《君子小人辨》专文②。首先，他做了大量的统计工作（在那个没有计算机的时代，这些统计工作需花费大量人力），指出："《论语》言'君子''小人'者计八十有八章，其中'君子'一百零一见，'小人'者二十四见，共一百二十五见。"这两个词在西周文献中"甚少见"，春秋战国文献多见（表1），"我们似可以说：'君子''小人'虽在西周即已出现"，但"从春秋时期起，'君子'与'小人'才开始分裂成两个对立的重要派别"③。"'小人'的文化及政治地位，只与'君子'有阶层的不同，而无统治与被统治的阶级差别。所以'小人'系属于'人'而不属于'民'"④。后面又说："'君子''小人'的对立，无疑的是起源于'劳心''劳力'的矛盾"，"君子劳心""小人劳力""贱人'或'役夫'则均与'小人'的涵义相近"⑤。上述说法有自相矛盾之处：前面说"小人"属于统治阶级，不属于"民"（被统治阶级），后面说"小人劳力"，是"贱人""役夫"，而劳力者、贱人者、役夫者皆为被统治阶级（即"民"）。

①《论语·子路》.
②赵纪彬.《论语新探》.第29～49页.北京：人民出版社.1959.
③赵纪彬.《论语新探》.第30～31页.北京：人民出版社.1959.
④赵纪彬.《论语新探》.第37页.北京：人民出版社.1959.
⑤赵纪彬.《论语新探》.第43～47页.北京：人民出版社.1959.

表1 战国时代文献中"君子""小人"出现次数

文献名	"君子"出现次数	"小人"出现次数
《墨子》	88	10
《左传》	139	37
《孟子》	64	10
《国语》	30	9

笔者前面已述：在《论语》中孔子所言的"君子""小人"，是指知识阶层中两个道德水准高低不同的群体（见第五章第四节）。不存在"君子劳心""小人劳力"的问题。这也是笔者统摄研究《论语》中所有20多处"小人"记载后的一个结论性意见。例如，"子谓子夏曰：'女为君子儒！无为小人儒！'"①儒，是儒家，为知识分子。即说：你要做品质好、道德水准高的儒者，不做品质差、道德水准低下的儒者。又如，子贡问：怎样才可以称为士？孔子答：自己的行为要有规避羞耻之心，出使国内外都能很好地完成君主的使命，便可以称"士"。子贡又问：那么次一等的士又是怎么样的？孔子则答：言论有诚信，行动讲实效，不问大是大非、只管自己的小人，即是再次一等的"士"（"子贡问曰：'何如斯可谓之士矣？'子曰：'行己有耻，使于四方，不辱君命，可谓士矣……'曰：'敢问其次。'曰：'言必信，行必果，硁硁然小人哉！抑亦可以为次矣'"②）。可见，孔子把小人归入再次一等的"士"，即再次一等的知识分子。再如，"子曰：'君子固穷，小人穷斯滥矣'"③。正确释文应是：君子再穷，都保持志气；小人一穷，便丧失志气，无所不为了。此处"小人"释为"百姓""劳力者"便不

①《论语·雍也》.

②《论语·子路》.

③《论语·卫灵公》.

81

通了，百姓或劳力者本来就穷，所以是指没有志气的知识分子。另如，"子曰：'君子易事而难说也……小人难事而易说也'"①，释文应是在君子手下做事很宽松，但要做好得到赞赏很难；而在小人手下做事很难，但要得到他的欢喜却很容易。此处的"小人"也无法释为百姓，等等。

因此，在"樊迟请学稼"中，孔子批评樊迟为"小人"，是说他是一个缺乏志向的知识分子或说他是一个志向不高的知识分子。此处的"小人"不是指"老农""老圃"，也不是指劳动人民。所以，以此例认为孔子鄙视农民等劳动人民的观点，是站不住脚的。相反，此章的记载，充分显示了孔子的实事求是精神和对老农、老圃的尊重：孔子从小很"贱"，种田、放牛乃至为出丧当吹鼓手，因而他是会种植庄稼的，其他一系列记载中也可以说明这一点，然而他谦逊如实地讲，"我不如老农""我不如老圃"。

②孔子"四体不勤，五谷不分"的问题。

"四体不勤，五谷不分"的说法，出自子路与楚地隐者荷蓧丈人（用拐杖挑着除草工具的老者）的对话。当时孔子64岁，游历在楚、蔡交界的负函等邑。此时，子路落在后面，遇一长者用拐杖挑着除草工具，子路问：您看见我的老师吗？长者曰：四体不勤，五谷不分，谁知道您的老师是什么人？（"子路从而后，遇丈人，以杖荷蓧。子路问曰：'子见夫子乎？'丈人曰：'四体不勤，五谷不分。孰为夫子？'"②③）此处"四体不勤，五谷不分"的说法，多数学者认为说的是子路，也有学者认为是荷蓧丈人说自己④。后来有人把这种说法加在孔子身上，至今社会上不少人认为孔子是一个"四体不勤，五谷不分"的教书匠。

① 《论语·子路》.
② 《论语·微子》.
③ 《史记·孔子世家》.
④ 杨伯峻.《论语译注》.第220～221页.北京：中华书局.2006.

　　本节第三部分，笔者专门论述了孔子的多能。他身高约1.91米，力大能挺城门；乐山乐水，能爬山，能游泳；能击磬弹瑟，演奏鼓琴；能驾车射箭，并总结出射箭关键要准，对狂马不能释其马鞭，驾车就怕地之不实等经验，以至年过花甲，孔子依然能驾车在地之不坚的河边行进，毛泽东称赞他是一个精神和身体"并完"者①，他怎么可能是"四体不勤"。

　　孔子三岁丧父，十七岁丧母，家境贫穷，从小种田、放牛、当吹鼓手，二十岁为季氏家当仓库管理员，二十一岁为季氏家管理牛羊②。他深知"耕难"，以此告诫自己的子弟③，并能说出种庄稼之难难在何处，难在"良农能稼而不能为穑"④（老农能种庄稼，但掌握不了其收成），难在可能发生"苗而不秀"（庄稼生长了，但不吐穗开花），或"秀而不实"（庄稼吐穗开花了，但不凝浆结实）等事故⑤。所以，孔子怎么可能是"五谷不分"？

①毛泽东.《体育研究》.载《毛泽东早期散文稿》.第70页.长沙：湖南出版社.1990.

②林存光.《孔子新论》.第364～365页.北京：人民出版社.2012.

③《荀子·大略》.

④《史记·孔子世家》.

⑤《论语·子罕》.

二、多识于鸟兽草木

孔子不但是中国历史上第一个提出科学"利器论"的人，也是中国历史上第一个提出要"多识于鸟兽草木"知识的人。

（一）多识于鸟兽草木的提出

孔子在讲授《诗经》时，发表了一系列精辟的讲话，其中最为经典的无疑是："《诗》，可以兴，可以观，可以群，可以怨；迩之事父，远之事君；多识于鸟兽草木之名"①。这里的"兴"，是指想象力、感染力；"观"，是指观察力；"群"，是指合群力；"怨"是指伤感力。全句的大意是说：学习《诗经》可以增强人们的想象力和感染力，可以增强人们的社会观察力，可以增强人们之间的合群力，也可以发泄人们心中的怨愤；近可以从中学会侍奉父母，远可以从中学到为国家服务的本领；还可以从中学习鸟兽草木、日月星辰等自然知识。

有学者认为：《诗经》这六个方面的功能中，"孔子最看重'兴'的作用"②。即认为孔子最看重《诗经》可以增强想象力、感染力的功能。笔者觉得这个观点是值得商榷的：从文学创作的角度看《诗经》的功能，"兴"确是前四个功能中最为重要的，"兴"是"观""群""怨"的基础。然而，孔子在这里讲了六个方面的功能，并不限于文学创作，而是从人们学习《诗经》的角度，由社会的整体出发而言的。其中，有文学创作方面的功能，有近可事父、远可事君的社会政治功能，还有"多识于鸟兽草木之名"的学习科学技术知识的功能。就这六个方面的综合性功能而言，其中孔子认为最为重要的或说基础部分，笔者主张是最后一点，多识于鸟兽草木。

因为只有学习了大量而丰富的鸟兽草木、山水日月等科学知识，才

---

① 《论语·阳货》.
② 郭俊萍.《从不学诗，无以言——〈诗经〉在春秋外交中的作用》.载《太原师范学院学报》2002年第1期.

可能有真正的"兴"，正确的"观"，实在的"群"，正常的"怨"，才有可能真正地"事父""事君"。没有大量必要的科学知识，是不可能"兴"好、"观"好、"群"好、"怨"好的，也不可能"事父""事君"好的。清代学者纳兰性德曾指出："六经名物之多，无逾于诗者，自天文地理、宫室器用、山川草木、鸟兽虫鱼靡一不具，学者非多识博闻，则无以通诗人之旨意，而得其比兴之所在"①。从孔子的其他一系列论述，亦可以充分地验证这一点。例如，有一次孔子对儿子伯鱼讲，你读过《诗经》的《周南》《召南》诗篇吗？一个人如果不读《周南》《召南》的诗篇，就好像面壁而立，眼前一片漆黑，不能前进一步（"女为《周南》《召南》矣乎？人而不为《周南》《召南》，其犹正墙面而立也与"②）。又一次，孔子问儿子伯鱼："学《诗》乎？"儿子答："未也。"孔子说："不学《诗》，无以言"③。孔子还说过"六言六蔽"④，提出仁、智、信、直、勇、刚等品质和性格的基础是科学知识（详见本章第五节）。从学《诗》要"多识于鸟兽草木"，到提出不学《周南》《召南》"犹正墙面而立也"（眼前漆黑，不能前进），再到"不学《诗》，无以言""六言六蔽"，其精神是一致的：即孔子认为没有一定的科学知识，便寸步难行，难以具有仁义、礼智、诚信等优秀品质。

（二）多识于鸟兽草木是经学的基础

"四书五经""九经""十三经"等儒家经典，无一不强调要"多识于鸟兽草木"。例如，各经之首的《周易》，其贯穿全书的纲领性主线是"太极—两仪—八卦—万物"；这个以自然发展为轴的宇宙演化模式，其基础为"八卦"。"八卦"代表的是自然界最基本的八种物质或现象：天、地、雷、风、水、火、山、泽。又如，三礼之一的《周

①蔡卞.《毛诗名物解》.《纳兰性德序》.通志堂刊本.
②④《论语·阳货》.
③《论语·季氏》.

礼》，不仅富含自然生态思想，而且在自然生态伦理基础上建立了一套相对较为完整的社会生态和人文生态系统：包括仿生态的"六官制"（天官、地官、春官、夏官、秋官、冬官），在山泽、树木、地产管理中所制订的一系列生态性规章和制度，以及辨土别物的生态观等①。再如，成于秦汉之间、在唐宋时期定为"十二经"或"十三经"之一的《尔雅》，现存十九篇，其中自然和科技篇占有十三篇：《释天》《释地》《释丘》《释山》《释水》《释草》《释木》《释虫》《释鱼》《释鸟》《释兽》《释畜》《释宫》（建筑方面）。这些篇目构建了从天→地→无机物（山、水）→有机物；有机物中，植物从草本→木本，动物从无脊椎动物（虫）→脊椎动物，脊椎动物从鱼→鸟类→兽类（哺乳动物）的自然发生系列，形成中国和世界上第一个自然演化系列②。另如，"四书"之一的、先秦重要的儒家典籍《大学》，提出政治修养八个要点：格物、致知、诚意、正心、修身、齐家、治国、平天下。其中的前提、基础是格物、致知，即只有尊重自然、尊重器物，并掌握关于它们的科学知识和科学原理，才可能做到诚意、正心、修身，进而齐家、治国、平天下③。不具备格物、致知的知识和精神，不可能做到诚意、正心。而缺乏诚意、正心，是不可能实现修身、齐家的；修不了身、齐不了家的人，是无法治国的，更不可能实现平天下的抱负。还如，"四书"之一、先秦的另一本重要儒家典籍《中庸》（原为《礼记》中一篇），一开始便用大量篇幅对自然界进行了十分客观而真实的描述："天地之道，博也，厚也，高也，明也，悠也，久也。今夫天……无穷也，日月星辰系焉，万物覆焉。今夫地……广厚，载华岳而不重，振河海而不洩，万物载焉。今夫山……今夫水……"它强调人应顺从自然，以"至诚"态度去理解自然万物的本性和规律，按自然万物的本性去做，就是正道（"率性之谓道"）④。

---

①周延良等.《〈周礼〉的自然生态观》.深圳：海天出版社.2015.
②孙关龙.《世界现存最早的科学分类著作——〈尔雅〉》.载《澳门研究》（澳门大学）第39卷（2007年4月）.
③④孙关龙.《论先秦自然国学》.载《学习与探讨》2004年第6期.

（三）多识于鸟兽草木知识的内容

"多识于鸟兽草木"，即要多学习自然及其物化了的科学技术知识，这是孔子一生的格言，也是他对社会的一种提倡。在西方世界，现知直到16～17世纪才由英国哲学家、近代实验科学始祖F.培根提出"知识就是力量"①，比中国晚约2000年。

根据笔者统计分类，孔子在他编定的《诗经》中，保留了大量的鸟兽草木之类的自然知识和科学技术知识，本书拟分以下九类予以简述：天象知识、气象知识、地象知识、水象知识、生物象知识、人体象知识、器具知识、服饰知识、数字知识。

1. 天象知识

据笔者统计："天"字在《诗经》的76首诗篇中约出现165次，"日"字约在42首诗篇中出现78次（代表太阳为16首25次），"月"字在25首诗篇中约出现72次（代表月亮为9首15次）。例如："天命玄鸟，降而生商，宅殷土芒芒"②（上天命令玄鸟，停降下来生了商王契，住在茫茫的殷土之上）；"天命多辟，设都于禹之绩""天命降监，下民有严"③（上天命令商王契开辟江山，把都城设在大禹治过水的宝地上。上天命令契下来监察，对下面的百姓要严格管教），充分反映了商朝神本社会的宇宙观——天神观。又如，反映西周末期春秋时期的诗篇则曰："民莫不穀，我独于罹。何辜于天，我罪伊何？"④（万民莫不向往美好的生活，唯我总是罹难。有什么得罪于上天，我的罪过是什么？）"民今方殆，视天梦梦"⑤（人们如今已感到危殆，而上天还是昏昏梦梦）。可见，此时的诗篇已对上天的神权提出异疑，对天神观提出

---

① 《辞海》1989年合订本.第618页.上海：上海辞书出版社.1989.

② 《诗经·商颂·玄鸟》.

③ 《诗经·商颂·殷武》.

④ 《诗经·小雅·小弁》.

⑤ 《诗经·小雅·正月》.

了挑战。有的诗篇则更直接地对上天的神权加以否决和声讨："旻天疾威，敷于下土"①（可怜的天啊！其暴虐遍及于下面国土）；"不吊昊天，不宜空我师"②（上天不值得我们怜悯，它不该使我们大众穷困潦倒）。这些诗篇表现出浓重的人本主义色彩。诚如笔者过去所说：《诗经》主要兴于周初，终于春秋前中期，它记载了始于周公、完成于孔子的"人本主义革命的历程和成果"，是"周公为代表的人本主义革命的产物和象征"③。

《诗经》中记有参宿三星、昴宿、定星（又称营室、室宿、壁宿）、大火星（又称心宿二、商星）、箕宿（又称箕、南箕）、北斗星、织女星、牵牛星（即牛郎星，又称河鼓）、毕宿（又称天毕）等一系列恒星。这9颗恒星在8首诗篇中共出现21次之多④。还有启明（指金星）等行星、银河（称为"天汉"）、日食、月食、朔日等天象记录。例如，"十月之交，朔日辛卯，日有食之，亦孔之醜"⑤。这是一首长诗中第一章的一部分，意思是说：十月发生日月之会，为初一辛卯那一天，日光被食（即发生了日食），这是多大的醜事。该诗"作于周幽王六年（前776），诗意是讽刺周幽王等权贵乱政殃民，遇到日食、地震、山崩、河沸等巨大灾异还不收敛自省，依然花天酒地，欺诈百姓。诗中的'日有食之'，是指发生在周幽王六年十月初一日（前776年9月6日）的日食。天文学家研究还认为：在中国可靠的文献中，最早出现的'朔'字（'朔日'指中国农历每月初一）就记录在《诗经》的这首诗中"⑥。该首诗篇表明至少在公元前776年，中国已经以日月相会的朔日，作为一个月的开始⑦。这是中国古代历法的一大成就。

---

① 《诗经·小雅·小旻》.

② 《诗经·小雅·节南山》.

③ 孙关龙.《〈春秋〉科学考》.第155～156页，深圳：海天出版社.2015.

④ 孙关龙.《〈诗经〉中的恒星》.载《天文爱好者》1989年第8期.

⑤ 《诗经·小雅·十月之交》.

⑥ 孙关龙.《〈春秋〉科学考》.第24页，深圳：海天出版社.2015.

⑦ 《中国大百科全书·天文学》卷.第564页.北京：中国大百科全书出版社.1980.

2. 气象知识

《诗经》中记录有气象知识数十种之多，包括风、雨、云、雹、露、霜、霾、霰、雪、雷、虹、闪电等。风，又分为凄风（凉风）、凯风（南风，又称暖风）、谷风（山谷风）、北风（寒风）、飘风（旋风）、朔风（冷风）、清风、晨风、大风、暴风等。雨，又分为阴雨、灵雨（好雨）、风雨（骤雨）、零雨（细雨）、霢霂（mai mu，小雨）、雪雨、甘雨（久旱后的雨）等。《诗经》是春秋及其之前中国文献中气象知识最为丰富的文献。

3. 地象知识

在《诗经》中，仅地貌形态知识就有数十种之多：山、冈、坡、麓、屺、岵、峨、巅、丘、陵、原、隰、峡、谷、隘、穴、洲、岸、渚、奥、浦、坻、沚、渊等。还有地震、山崩（这两个词当时还没有出现）等。例如前述的《诗经·小雅·十月之交》篇不仅记有日食、月食、朔日，还记有地震、山崩等灾害，"烨烨震电，不宁不令。百川沸腾，山冢崒崩，高岸为谷，深谷为陵。哀今之人，胡憯莫惩"（闪闪烁烁的地光、雷电，天下不宁，政令不善。百川似沸水般地翻腾，山顶猝然向下崩塌，高崖下陷变深谷，深谷突起成高陵。可怜如今的人啊！怎么还不自做反省）。这是指周幽王二年（前780）在今陕西发生的一次强烈的大地震，引起水泉沸腾，河流堵塞，山崩地裂，高山变谷地，深谷成高陵①。

4. 水象知识

《诗经》中记有大量的水象知识，包括川、江、河、沼、池、渠、泉、涧、薮、海等。例如"海"字在《诗经》5首诗篇中出现7次，其中指广袤水体的海则在3首诗篇中出现4次。包括《小雅·沔水》篇的"沔彼流水，朝宗于海"；《大雅·江汉》篇的"于疆于理，至于南海"。

①地群.《我国古代对地震的认识》.载《科学普及》1975年第3期.

89

可见，我国的先民在三千年左右以前，已有一定的海洋知识，知道海是广袤的，陆上的河流必然"朝宗于海"，并出现了海域的专有名称——南海（这是指现在的东海，不是现称的南海）①。又如，"泉"在15首诗篇中出现21次，从诗句中可知：①当时人们已知泉为地下水。"莫高匪山，莫浚匪泉"②（无高非山，无深非泉）。②当时人们已知泉可以成为河水之源，"泉源在左，淇水在右""淇水在右，泉源在左"③，毛氏《诗诂训传》曰："泉源，小水之源；淇水，大水也"，可见当时已知泉水为淇水的补给源头之一。③已有泉群存在，"笃公刘，逝彼百泉，瞻彼溥原"④，"百泉"指泉群。④已出现泉水分类。ⓐ槛泉，《小雅·采菽》篇有"觱沸槛泉"的诗句。"槛"，古同"滥"，即泛也，涌出四方，为喷泉也，今名上升泉。ⓑ下泉，《曹风·下泉》篇中有"冽彼下泉"的诗句。"下泉"指泉水由上向下流，今名下降泉。ⓒ氿泉，《小雅·大东》篇有"有冽氿泉"的诗句。"氿"为旁出，氿泉为侧出泉，今名裂隙泉。ⓓ肥泉，《邶风·泉水》篇有"我思肥泉"的诗句。毛氏《诗诂训传》指出："所出同、所归异为肥泉。"笔者根据该诗篇的诗意和源于安徽合肥西北的南肥河、东肥河，同意上述同出归异为肥之说。另外，还有寒泉、冽泉（冷泉）、沸泉之分。而且，当时泉水已较为广泛地应用于饮水、灌溉大田、引种菜圃等方面⑤。从中可见，《诗经》时代人们的泉水知识已相当丰富。

①孙关龙.《〈诗经〉中的海》.载《海洋》1985年第8期.
②《诗经·小雅·小弁》.
③《诗经·卫风·竹竿》.
④《诗经·大雅·公刘》.
⑤孙关龙.《〈诗经〉中泉水资料》.载《中国科技史料》第10卷（1989）.第2期.

5. 生物象知识

《诗经》中刊有大量的生物知识，记载的动物109种、植物143种[1]，出现在约250首诗篇中，约占整个305篇诗的82%；以动植物为篇名的诗篇，约有110篇，占整个诗篇的三分之一多。凡植物者，或冠以"草"字头，或冠以"木"字旁：凡冠以"草"字头者，都为草本植物，如荷、荼、荇、蒲、荠、芹（水芹）等；凡冠以"木"字旁者，都是木本植物，如松、柏、杨、榆、桃、李等。凡动物者，或冠以"虫"字旁，或冠以"鱼"字旁，或冠以"鸟"字头，或冠以"豸""犭"旁。凡冠以"虫"字旁者，皆为无脊椎动物，如蜂、螟、蜩（蝉）、蟋蟀、蝇、蜉蝣等；凡冠以"鱼"字旁者，多为水生动物，其中绝大多数为脊椎动物中的鱼类动物，如鲤、鳢、鲂、鲔、鳣、鳟等；凡冠以"鸟"字旁者，都是脊椎动物中的鸟类动物，如鹤、莺、鹭、鸠、鹗、鸳鸯等；凡冠以"豸""犭"旁者，皆为脊椎动物中的哺乳动物，又称兽类动物，如猫、狐、狼、豹、豺、貉等。其中，鱼类动物在《诗经》24首诗篇中出现57次，包括鲂、鲤、鲢（今鲢鱼）、鲔（今白鲟）、鳣（今中华鲟）、鲿（今黄颡鱼）、鰋（今红鳍鲌）、鳏（今鳡鱼）、嘉鱼（今卷口鱼）、鳟（今赤眼鳟）、鲦（今鲞鱼）、鳢（今乌鳢）、魦（今鮀鱼）、鲛（鲨鱼）等[2]。当时，食用鱼类已是相当普通，"岂其食鱼，必河之鲂""岂其食鱼，必河之鲤"，乃至"泌之洋洋，可以乐饥"[3]（泌之洋洋，可以止渴疗饥）。

上述生物象知识，包括"草"字头为草本植物，"木"字旁为木本植物，"虫"字旁为无脊椎动物，"鱼"字旁为水生动物（其中多为脊椎动物的鱼类动物），"鸟"字旁为脊椎动物的鸟类动物，"豸""犭"字旁为脊椎动物的兽类动物（即哺乳类动物），为秦汉之间成书的、现

[1]《中国大百科全书》.第二版.第29卷.第181页.北京：中国大百科全书出版社.2009.
[2]孙关龙.《〈诗经〉鱼类考》.载《学习与探索》.2002年第4期.
[3]《诗经·陈风·衡门》.

存中国和世界最早的科学分类著作《尔雅》中的《释草》《释木》《释虫》《释鱼》《释鸟》《释兽》篇奠定科学的基础。

6. 人体象知识

《诗经》中主要有两类：①疾病，如"疾首"（头痛）、"大厉"（大疫）等记录；②饥饿，如饥馑、饥渴、鲜饱等记载。

①疾病记载。在《诗经》中，未见有"病"字。"疾"字则在8首诗篇中出现11次，除去"急速""猛烈"等意的"疾"字，代表疾病的"疾"字仅在3首诗篇出现3次，如《小雅·小弁》篇："心之忧矣，疢如疾首"（心中无比的忧伤，全身发烧，头脑胀痛）。在《诗经》中代表疾病的字，还有厉、瘥、瘨、痒、瘳、瘼、瘉、疧、痗、瘖、瘨、疚、瘵等，它们在16首诗篇中共出现22次。如《大雅·瞻卬》篇："瞻卬昊天，则不我惠？孔填不宁，降此大厉"（仰望上天，它不惠爱我们；天下久不安宁，又降落这场大疫）。

以上《诗经》中的疾病记载，共在17首诗篇中出现25次，这里未记"心忧"等一类词汇。据笔者统计，"忧"字在《诗经》的37首诗篇中约出现80次之多，但哪些心"忧"确成了疾病难以判断，故在疾病记载中暂不计。

②饥馑记载。在《诗经》中未见"饿"字，"饥"字则在9首诗篇中出现11次，"馑"字在3首诗篇中出现了3次，且都是与"饥"字共同出现，形成"饥馑"一词；还有饥渴3次。另有"不饱""鲜饱"两词，且是"每食不饱"，它们各在一首诗篇中出现一次。因此，饥馑和不饱等共在11首诗篇中出现13次。

11首诗篇是《周南·汝坟》《王风·君子于役》《秦风·权舆》《陈风·衡门》《曹风·候人》《小雅·采薇》《小雅·雨无正》《小雅·车辖》《小雅·苕之华》《大雅·云汉》《大雅·召旻》。大多是反映西周末期春秋早中期的作品，正如宋代学者朱熹的《朱子语类》所言："周家初兴时，周原脧脧，堇荼如饴，苦物亦甜。及其衰也，牂羊坟首，三星在罶云云，直恁地萧索"。《小雅·苕之华》篇曰："知我如此，不如无生"；"牂羊坟首，三星在罶。人可以食，鲜可以饱"（母羊瘦了，唯见外突的大头，因为无青草可食；天上三颗大星，高照于干涸的鱼罶，因为水里无鱼鳖可捕；人有饭吃，但是只有极少数人可以吃饱）。清代学者李光地在《诗所》中指出：《苕之华》是"困于饥馑者之作"。清代诗人王照圆的《诗说》云："尝读《诗》到《苕之华》，知我如此，不如无生。二语极为深痛。""至牂羊坟首，三星在罶，真极为深痛矣，不忍卒读矣。太平之日，虽堇荼亦如甘饴；饥馑之年，即稻蟹亦无遗种。举一羊而陆物之萧索可知，举一鱼而水物之凋耗可想。东省乙巳、丙午（乾隆五十年、五十一年）三四年，数百里赤地不毛，人皆相食。鬻卖男女者，廉其价不得售，率枕藉而死，景象凡所亲睹。读此诗为之太息弥日"。

7. 器具知识

《诗经》中有大量的器具。就材质而言，仅金属类、竹类、玉类器具，据笔者统计有近百种之多。

金属器具至少有：耜、钱（锹）、艾、銮（铃铛）、锜、釜、钟、镛、镴（马口铁）、錞、斧、斨、牺尊、趾（小锄）、鎛（锄）、铚（镰）、钺、带钩、金勒、金厄、銶、铃、钲、镂（金属颈环）、镞（箭头）、戈、俎（zu，礼器）、卣（you）、戟、爵、罍、鼎、鬲、鬵、钩、瑕（xia）、钖（yang）、金罍、壶、容刀、鍪、续、考（铭器）、鉴（铜镜）[①] 等。全书"金"字及其金属工具，据笔者统计至少在49首诗篇出现87次。竹器至少有：笙、笠、簋、笤、竿、篪、箫、

[①]《诗经百科辞典》.第1594页.沈阳：辽宁人民出版社.1998.但此书在肯定鉴为"古代的镜子""青铜制"的同时，说"始于战国"。这个年代是值得商榷的。一是《诗经》的诗是周初至春秋中、前期的，没有战国时期的诗篇；二是铜镜早已有之，不是"始于战国"。2014年北京大学出版社出版的《汉镜文化研究·综述（代前言）》说："在中国铜镜的四千年历史长河中，曾显战国、西汉、隋唐三座高峰。"

简、篇、罩、筅、簧、篋、茀（席）、筐、罶、筍、管、簀、箕、箱、篁、笤、筟（簮）、矢、殁、弓等。玉器至少有：瑶、琼、琚、瑃、珌、瑱、璊、瓒、珩、玉佩、朵佩、玉环、充耳、白圭、圭（珪）、珈、璋、琇、璲、璧、介（玠）、會（璯）、璞、瑰等。

若按用途分有乐器、车辆等。乐器有29种之多，其中弹弦乐器有琴、瑟2种；吹奏乐器有埙、篪、箫、管、籆（chi，管状横吹）、笙6种；打击乐器有鼓、磬、鼛（gao，大鼓）、贲、应、田、县鼓、鼍（tuo）鼓、鞉（tao，摇鼓）、钟、镛、南、镇、缶、雅、柷（hu）、圉（yu）、和、鸾、铃、簧21种[1]。

"车"字及代表"车"的字在41首诗篇中出现约64次，车辆数量之多、类型之丰富相当惊人。

①车的数量。《小雅·采芑》篇第一、第二、第三章都有"其车三千"的诗句，一次征战就动用兵车达三千辆之多（按一辆车配徒兵三十计，兵力近十万）。当然，"三千"是形容多，不是真有3000辆，但可见规模之大。

②车的类型。主要有：田车，为猎车，即狩猎之车。役车，为劳役之车。戎车，即兵车、战车，分两种：一是"小戎"（轻小的兵车），一是"大戎"（重而大的兵车）。路车，又名辂车，是天子、诸侯、将帅坐的车。輶车，一种轻便车，多为帝王的使臣所乘。栈车，不加漆饰的竹木车，为简陋之车。帷车，有床帐、衣裙的车，是"妇人之车"[2]。大车，是"其车驾牛"的牛车。辇车，东汉许慎在《说文解字》中指出"辇（nian），挽车也。从夫，在车前引之"，引车者有2、3、6、12、15、18、20人不等[3]。檀车，檀木制造的车，为兵车，即战车、戎车[4]。脂车，指采用油脂作为车上轴承润滑材料的车辆，在诗经时代

①史仲文、胡晓林主编.《中国全史》.第4册.《春秋战国科技史》.第43页.北京：人民出版社.1984.
②（宋）朱熹.《诗集传》.第28页.上海：上海古籍出版社.1980.
③（清）王先谦.《诗三家义集疏》.第807页.北京：中华书局.1981.
④（清）陈奂.《诗毛氏传疏》.第16卷.第33页.北京：北京市中国书店.1984.

（公元前11～前6世纪）是很先进的车辆。公车，大诸侯国的兵车。后车，出行时备用的副车。临车，古代一种用于攻城的兵车。冲车，古代另一种用于攻城的兵车。罝车，即罦车，捕鸟兽用的翻车，等等。

8.服饰知识

首先，《诗经》服饰的原材料已是相当多样，笔者统计梳理出至少有：桑蚕类的桑、蚕，纤维性植物麻、纻、葛、葛藟，皮毛类动物羔羊、狐狸、豹等，染料类植物茹藘、绿、蓝等。

①制作丝的桑、蚕。桑为植物，蚕为动物。桑（Morus），属桑科，为落叶乔木，其果为桑椹，可食；其叶是桑蚕的饲料。在《诗经》22首诗篇中出现36次，据笔者统计是《诗经》中出现最多的经济类植物①。分别出现在鄘、卫、郑、魏、唐（即晋）、秦、曹、豳、鲁、二雅（小雅、大雅，多为今陕西西安及其附近）②等地。可见，当时桑树广布黄河中下游，西至今甘肃中东部，北到今山西中部，东至山东鲁地。而且，出现了桑林、桑田。例如《鄘风·桑中》篇第一、第二、第三章都曰："期我乎桑中。""桑中"，即桑树林中。又如，《鄘风·定之方中》篇第二、第三章云："星言夙驾，说于桑田"（晴天早晨驾车出行，停于桑田）。桑田，笔者认为是大的桑树林。再如，《魏风·十亩之间》诗篇，被誉为"采桑者之歌"③。诗句曰："十亩之间兮，桑者闲闲兮"；"十亩之外兮，桑者泄泄兮"。闲闲，为从容不迫状；泄泄，为欢乐热闹状。诗句是说：十亩之间呀！采桑人宽闲自如；十亩之外啊！采桑人也兴高采烈。这说明：魏地桑田之大，已在"十亩之外"；而且，采桑似已专业化，有了专门的"桑者"。魏地（指西周时的魏，公元前661年为晋所灭。不是"三家分晋"后形成的战国时代魏）位于今山西西南部④，此地桑树成田，采桑似乎也已成了桑业。

①孙关龙.《〈诗经〉中的经济树木和竹类》.载《植物杂志》1989年第3期.
②高亨.《诗经今注》.第10页.上海：上海古籍出版社.1980.
③陈子展.《诗经直解》.第142～143页.上海：复旦大学出版社.1983.
④高亨.《诗经今注》.第8页.上海：上海古籍出版社.1980.

桑树生长进行光合作用最合适的温度为20～25摄氏度，气温20摄氏度以下进入缓慢生长期，12摄氏度以下则停止生长。所以，《诗经》时代，桑大面积地分布于陕西、山西、河北南部、河南、山东等黄河中下游地区，充分说明那时黄河中下游地区的气候要比现在暖和，大约与现在浙江、江苏等现代栽桑养蚕业最发达地区的气候相当[①]。

蚕，又称桑蚕、家蚕（*Bombyx mori*）。属昆虫纲蚕蛾科，以桑叶为主要饲料，吐丝作茧，茧可缫丝。现四川、浙江、江苏、广东等地为我国桑蚕茧的主要产区[②]。在《诗经》中出现于两处，一是《豳风·七月》篇的"蚕月条桑"诗句，一是《大雅·瞻卬》篇的"妇无公事，休其蚕织"诗句。从《豳风》中把豳历三月称为"蚕月"，可见当地养蚕的规模之大和时间之久长。

②麻，即大麻（*Cannabis sativa*），又称"线麻""白麻""火麻"。桑科，一年生草本植物，茎部纤维长而坚韧，可织布制绳。《辞海》说：《尔雅》已鉴别大麻有雌雄株，分别命名为"苴"和"枲"[③]。《简明生物学辞典》说："早在公元2世纪时，东汉崔寔指出大麻有雌雄株区别。雄株为'枲'或'牡麻'。雌株为'苴'或'子麻'"[④]。笔者在1987年指出："其实，早在周朝人们已了解麻（大麻）有雌雄株的区别，并明确地把雌麻称为'苴'，《诗经》中《豳风·七月》篇载道：'九月叔苴，采荼薪樗。'这比东汉崔寔说的'苴'早了一千多年。当时是否已把雄株称为'枲'，迄今还未发现直接的证据，但《卫风·硕人》篇有'衣锦褧衣'，'褧衣'是用'枲'或'牡麻'织成的。这个'褧'，是否能说明当时已有'枲'的称呼，有待进一步考证"[⑤]。

---

① 孙关龙.《〈诗经〉中的经济树木和竹类》.载《植物杂志》1989年第3期.
② 《辞海》.1999年三卷本.第1431页.上海：上海辞书出版社.1999.
③ 《辞海》.1999年三卷本.第1786、5826页.上海：上海辞书出版社.1999.
④ 《简明生物学辞典》.上海：上海辞书出版社.1983.
⑤ 孙关龙.《〈诗经〉中的纤维和染料植物》.载《植物杂志》.1987年第6期.

在《诗经》中，"麻"在7首诗篇中出现8次。《王风·丘中有麻》篇第一章曰："丘中有麻，彼留子嗟。"《齐风·南山》篇第三章云："艺麻如之何？衡从其亩。"《陈风·东门之枌》篇第二章曰："不绩其麻，市也婆娑"。《陈风·东门之池》篇第一章云："东门之池，可以沤麻"。《曹风·蜉蝣》篇第三章曰："蜉蝣掘阅，麻衣如雪。"《豳风·七月》篇第六、第七章云："九月叔苴，采荼薪樗，食我农夫"；"九月筑场圃，十月纳禾稼，黍稷重穋禾麻菽麦。"《大雅·生民》篇第四章曰："艺之荏菽，荏菽旆旆，禾役穟穟，麻麦幪幪，瓜瓞唪唪。"这8处记载"麻"字的诗句，可分三种情况：ⓐ种植麻，见第一、第二个诗句。ⓑ麻指粮食，雌麻子即麻籽，又称为"苴"，可食，常作为粮食作物[1]，见第六、第七、第八个诗句。ⓒ与服饰有关，第三个诗句大意是：她也不织麻了，到集市参加娱乐；第四句诗意是：东门的河池，可以沤柔大麻（沤柔之后，才能剥去麻皮，获取麻的纤维，织做麻衣）；第五个诗句是说，蜉蝣容泽，麻衣雪白，可见麻衣亦可以成为较高级或高级的服饰。

③纻（zu），即纻麻、苎麻（*Boehmeria nivea*）。属荨麻科，多年生草本植物，其茎部纤维坚韧有光泽，耐霉，易染色，不皱缩，在古代是重要的纺织原料[2]。在《诗经》的一首诗篇中出现一次，《陈风·东门之池》篇第二章有"东门之池，可以沤纻"的诗句，说明当时已掌握纻的沤渍技术和脱胶方法。另有一处与"纻"相关的诗句，为《豳风·七月》篇"八月载绩"，指用渍法把纻麻纤维纺成纱，这种纱称为"绩"或"绩麻"。

④葛（*Pueraria lobata*）。属豆科，为多年生藤本植物，其茎蔓生，长10～15米。茎部的纤维坚韧能织成布料，即葛布[3]。葛在《诗

---

① 孙关龙.《〈诗经〉中的粮食》.载《植物杂志》1986年第1期.

② 《辞海》.1999年三卷本.第1612页.上海：上海辞书出版社.1999.

③ 孙关龙.《〈诗经〉中的纤维和染料植物》.载《植物杂志》1987年第6期.

经》7首诗篇（《周南·葛覃》《邶风·旄丘》《王风·采葛》《齐风·南山》《魏风·葛屦》《唐风·葛生》《小雅·大东》）中出现9次。其中，《周南·葛覃》篇第一、第二章反映当地葛的长势和贵族家中的女仆割葛、煮葛、织葛布的情景："葛之覃兮，施于中谷，维叶萋萋"；"葛之覃兮，施于中谷，维叶莫莫。是刈是濩，为绨为绤，服之无斁。"覃，蔓也。中谷，即谷中。萋萋、莫莫，繁茂状。刈（yi），割也。濩（huo），煮也。绨（chi），细葛布。绤（xi），粗葛布。斁（yi），厌恶。诗句是说：葛藤长长的，蔓延谷中，叶子繁茂，于是割，进而煮，织成的细布或粗布，穿上并不令人讨厌。

　　⑤葛藟。《诗经》中的葛藟（lei），指什么植物？至今有不同意见。高亨认为"葛藟"是葛的蔓[1]。郑玄认为"葛藟是二草"，即两种不同的草本植物[2]。《辞海》认为葛藟是葡萄科的落叶木质藤本植物[3]。陆文郁则提出：葛藟是山地自生的蔓生植物[4]。笔者认为："'葛藟'不是葛蔓，也不是'二草'，同意陆氏所叙的是一种蔓生植物。但不同意陆氏所说的'山地自生'。因为从《王风·葛藟》篇的诗句'绵绵葛藟，在河之浒''绵绵葛藟，在河之涘''绵绵葛藟，在河之漘'，充分证明葛藟已不局限于生长在山地，已在黄河两岸的平原地区茂盛地生长；从三个'绵绵'的形容词可知，也已不局限于'自生'，而是有了栽培，所以才有可能出现大面积的葛藟"[5]。又由《周南·樛木》篇第一、第三章的诗句"南有樛木，葛藟纍之""南有樛木，葛藟萦之"得知，"纍之""萦之"的葛藟不能不是蔓生植物。笔者根据中国古代植物的形态分类、命名，进一步认为：葛藟为藟之别名，因其形态和功能

---

①高亨.《诗经今注》.第6~7页.上海：上海古籍出版社.1980.

②（东汉）郑玄.《毛诗传笺》.

③《辞海》.1999年三卷本.第1713页.上海：上海辞书出版社.1999.

④陆文郁.《诗草本今译》.天津：天津人民出版社.1957.

⑤孙关龙.《〈诗经〉中的纤维和染料植物》.载《植物杂志》1987年第6期.

类同葛，从而以葛藟命名。诚如清代学者马瑞辰所言："窃疑葛藟为藟之别名，以其似葛，故称葛藟"[①]。

⑥羔羊。羊是多种羊（如绵羊、山羊、岩羊、盘羊、羚羊等）的统称，属哺乳纲牛科。羔羊指小羊。《诗经》中没有"毛皮"一词，但有"裘"字，《说文解字》曰"裘，皮衣也"，"裘"字在《诗经》8首诗篇中出现15次。《诗经》中已出现有"皮""革"两字，虽未连用形成"皮革"一词，但从两字出现在同一首诗中，位置完全对应（《召南·羔羊》篇，详见本段末），两字都各已带有"皮革"之意是毫无疑义的。羊裘，即羔羊皮衣，在3首诗篇中（《郑风·羔裘》《唐风·羔裘》《桧风·羔裘》）出现8次。其中，《郑风·羔裘》篇第一、第二、第三章曰："羔裘如濡，洵直且侯""羔裘豹饰，孔武有力""羔裘晏兮，三英粲兮"。濡，柔而光滑。洵，确实。侯，美也。豹饰，以豹皮为饰，多在羔裘的袖口、衣领。晏、粲，都指鲜艳。英，缨也，古人的皮袄是对开的，中间两边各有三条丝绳以便结上，类似现在的纽扣；其中有一边的三条丝绳上都饰有穗，结上后其穗下垂，即为"三英"。《郑风·羔裘》三句诗的大意是：羔羊皮裘柔而有光，他是正直纯良；羔羊皮裘豹皮袖口，他是勇武高大；羔羊皮裘鲜而又艳，三英丝穗多么灿烂。另，《召南·羔羊》篇有诗句："羔羊之皮，素丝五𬙂""羔羊之革，素丝五緎""羔羊之缝，素丝五总"。虽诗句中未出现"羔裘"一词，但实际上都是讲羔裘的。其大意是：那羔羊的皮裘呀！上有5个白丝做的纽；那羔羊的皮裘呀！上有白丝做的5个扣；那羔羊做的皮裘呀！白丝做的5个纽扣结了起来。

⑦狐狸（*Vulpes vulers*），又称草狐、赤狐。属哺乳纲犬科[②]。其毛皮十分珍贵，狐裘即是用狐狸毛皮做成的大衣，在《诗经》5首诗篇中

---

① （清）马瑞辰.《毛诗传笺通释》.

② 《辞海》.1999年三卷本.第2321页.上海：上海辞书出版社.1999.

（《邶风·旄丘》《秦风·终南》《桧风·羔裘》《豳风·七月》《小雅·都人士》）出现6次。其中，《小雅·都人士》篇第一章曰："彼都人士，狐裘黄黄。其容不改，出言有章。行归于周，万民所望。"诗句的大意是说：东都（指东周都城洛邑，今洛阳）的士人啊！穿着狐裘，精神闪烁，容貌依旧，言谈有序，行为端庄，为万人所仰望。

⑧豹。多种豹（包括猎豹、云豹、雪豹、金钱豹等）的统称，属哺乳纲猫科①。其皮毛格外珍贵。《诗经》中有豹饰等记载。豹饰是指用豹的皮毛做的服饰，在《诗经》2首诗篇中出现了3次：《郑风·羔裘》篇第三章有"羔裘豹饰"的诗句；《唐风·羔裘》篇第一、第三章有"羔裘豹袪""羔裘豹褎"的诗句。三句诗都是说羔羊皮衣上装饰有豹皮的袖口或衣领。

⑨茹藘。即现称的"茜草"，曾称为茅蒐、茜茜根、牛蔓，拉丁学名为 *Rubia cordifolia*②。属茜草科，多年生攀援草本植物，野生。根红黄色，其中的色素主要成分是茜素和茜紫素，可作绛红色染料，染植物性纤维、动物性纤维③。《郑风·东门之墠》篇中有"茹藘在阪"的诗句。《郑风·出其东门》篇有"缟衣茹藘"的诗句，阪为坡地，第一句诗是说：茜草生长在那坡地上。第二句诗是说：白色的上衣，配有绛红的巾。

⑩绿。即今"荩草"，曾称荩、菉、黄草、鸥脚莎，拉丁学名为 *Arthraxon hispidus*④。为禾本科，一年生草本植物。其茎、叶含荩草素，故茎、叶的汁液可作黄色染料；若以铜盐为媒染剂，从荩草的茎、叶汁中可得到鲜艳的绿色染料。我国古代多用铜容器作为染色的器皿，器皿中的纤维在荩草汁液作用下被染成绿色，故而荩草有了"绿"的名称⑤。

---

① 《辞海》.1999年三卷本.第5595页.上海：上海辞书出版社.1999.
② 《辞海》.1999年三卷本.第1651页.上海：上海辞书出版社.1999.
③⑤ 孙关龙.《〈诗经〉中的纤维和染料植物》.载《植物杂志》1987年第6期.
④ 《辞海》.1999年三卷本.第1665、3361页.上海：上海辞书出版社.1999.

⑪蓝。蓝者，在中国有广义和狭义之别。广义蓝者，是多种可制蓝靛染料的植物的统称，包括蓼科的蓼蓝、十字花科的菘蓝、豆科的木蓝、爵床科的马蓝（不是菊科的马兰）等；狭义蓝者，是指蓼科的蓼蓝。《诗经·小雅·采绿》诗篇第二章有"终朝采蓝"的诗句，朝指早晨，诗句是说整个早晨一直在采蓝。此处的"蓝"，笔者认为即指狭义的蓝，为蓼科的蓼蓝（*Polygonum tinctorium*）①。因为该诗反映的西周王畿地区在今陕西西安地区，当地只产蓼科的蓼蓝，其他"蓝"类植物或没有传入或至今当地都不生长②。蓼蓝为一年生草本植物，可制蓝靛，作为染料。

第二，服饰的种类。服饰原料的多样，决定了服饰种类的丰富多彩。下面相应地分为葛和葛藟类服饰、麻纻类服饰、皮毛类服饰、蚕丝类服饰、服饰类色彩进行简述。

①葛和葛藟服饰。它们至少在《诗经》的6首诗篇中（《周南·葛覃》《邶风·绿衣》《鄘风·君子偕老》《齐风·南山》《魏风·葛屦》《小雅·大东》）出现9次。其葛和葛藟制品已有粗细之分；"绤"，为粗葛布；"絺"，为细葛布，如《周南·葛覃》篇有"是刈是濩，为絺为绤，服之无斁"的诗句。以至于有比"絺"更细的布"绉"③，如《鄘风·君子偕老》篇有"蒙彼绉絺，是绁袢也"的诗句（也有人认为绉是有绉纹的葛布④）。其做成的衣服"服之无斁"，即穿起来也不令人讨厌。做成素色的内衣（绁袢），则是美女穿的（《鄘风·君子偕老》)⑤。做成的葛屦（鞋），有精致高贵的，成为贵夫人家中的陈列品（《齐风·南山》)⑥；有简陋低贱的，穿着它难以度过寒霜的季节（《小雅·大东》)⑦。

①《辞海》.1999年三卷本.第1748页.上海：上海辞书出版社.1999；孙关龙.《〈诗经〉中的纤维和染料植物》.载《植物杂志》1987年第6期.
②孙关龙.《〈诗经〉中的纤维和染料植物》.载《植物杂志》1987年第6期.
③高亨.《诗经今注》.第66～67页.上海：上海古籍出版社.1980.
④（东汉）郑玄.《毛诗传笺》.
⑤金启华.《诗经全译》.第104～106页.南京：江苏古籍出版社.1984.
⑥金启华.《诗经全译》.第215～217页.南京：江苏古籍出版社.1984.
⑦金启华.《诗经全译》.第504～510页.南京：江苏古籍出版社.1984.

②麻纻类服饰。此类服饰仅在一首诗篇中出现一次，《曹风·蜉蝣》篇有"麻衣如雪"的诗句。与此句对应的是"衣裳楚楚""采采衣服"，可见雪白的麻衣是一种高贵华丽之服。

③毛皮类服饰。前面已述，"裘"字在《诗经》的8首诗篇中出现15次，其中"羔裘"（羊皮裘）为3首8次，"狐裘"（狐皮裘）为5首6次，还有一次出现在《小雅·大东》篇中，曰"舟人之子，熊罴是裘"。东汉郑玄、清代马瑞辰、今人高亨和金启华等，均把"裘"释为"求"，说"古未闻以熊罴为衣裘者"，从而把"熊罴是裘"释为"找熊找罴把猎打"等[1][2][3][4]。笔者认为：这是值得商榷的，从语句上讲"熊罴是裘"释为"以熊罴皮为皮裘"更顺，诚如唐代孔颖达所述："舟楫之人之子，以熊罴之皮是为皮裘，言贱人逾制而奢富也"[5]。

《诗经》中还有豹饰。在《诗经》2首诗篇中出现3次，且多用于羔裘的装饰上。

④蚕丝类服饰。这是《诗经》中记载最多、样式最丰富的一类服饰。包括"缟衣"（未经染色的绢做成的白色丝衣），如《郑风·出其东门》篇有"缟衣綦巾"诗句；"锦衣"（有彩色花纹的丝织衣服），如《秦风·终南》篇第一章有"锦衣狐裘"的诗句；"玄衮"（绣有卷龙的赤黑色丝织衣服），如《大雅·韩奕》篇第二章有"玄衮赤舄"的诗句；"缁衣"（黑色的绸做成的衣服，亦有黑色的布做的），如《郑风·缁衣》篇第一章有"缁衣之宜兮"的诗句；黻（fu）衣（有黑白相间花纹的丝织衣服），如《秦风·终南》篇第二章有"黻衣绣裳"的诗句；"丝衣"，如《周颂·丝衣》篇有"丝衣其紑（fou）"的诗句，等等。还有丝线（曰"绳"）、丝绳（曰"缗"）、丝带（曰"组"）、

---

① （东汉）郑玄.《毛诗传笺》.
② （清）马瑞辰.《毛诗传笺通释》.
③ 高亨.《诗经今注》.第309～312页.上海：上海古籍出版社.1980.
④ 金启华.《诗经全译》.第504～510页.南京：江苏古籍出版社.1984.
⑤ （唐）孔颖达.《毛诗正义》.

丝巾（曰"缡"）、丝纽（曰"纺"）、丝扣（曰"缄"）等。

据笔者不完全统计，《诗经》中至少在25首诗篇中出现"丝"字和丝的服饰品约42次。

⑤服饰类色彩。《诗经》中所记载衣着的色彩相当的多。有"绿衣"，如《邶风·绿衣》篇第一章有"绿衣黄里"的诗句，意为绿色的外衣，黄色的内衣。有"黄裳"，如《邶风·绿衣》篇第二章有"绿衣黄裳"的诗句，意为绿色的上衣，黄色的下衣。有"素（白）衣"，如《桧风·素冠》篇第二章有"庶见素衣兮"的诗句。有"朱襦"（朱红的衣服），如《唐风·扬之水》篇第一章有"素衣朱襦"的诗句。有缁（黑）衣，如《郑风·缁衣》篇第二章有"缁衣之好兮"的诗句。有锦（彩）衣，如《郑风·丰》篇第三章有"衣锦褧衣，裳锦褧裳"的诗句）。有綦（苍艾色）巾，如《郑风·出其东门》篇第一章有"缟衣綦巾"的诗句，意为白色衣服，淡绿色的丝巾等。

综上，《诗经》中服饰方面不但已有"衣服"①"衣裳"②（下衣为裳）通名，而且出现了一系列专名（即服饰方面的专有名称）。笔者查到除前述的"麻衣""缟衣""缁衣""锦衣""素衣""丝衣""黻衣""羔裘""狐裘""玄衮"外，还有"褧（jiong）衣"③，为麻纱制成的、穿在外面的罩衫；"毳（cui）衣"④，用野兽细毛做成的衣服，为大夫之服；"衮（gun）衣"⑤，古代王公穿的、绣有卷龙的礼服；"常服"⑥，皮制的军服；"象服"⑦，绘有彩色的衣服；"命服"⑧，天子按等级授予文武百官的礼服；"褧裳"⑨，为麻纱制成的、穿在外

① 《曹风·蜉蝣》篇第二章有"采采衣服"的诗句.
② 《齐风·东方未明》篇第一章有"颠倒衣裳"的诗句.
③ 《卫风·硕人》篇第一章有"衣锦褧衣"的诗句.
④ 《王风·大车》篇第一章有"毳衣如菼"的诗句.
⑤ 《豳风·九罭》篇第一章有"衮衣绣裳"的诗句.
⑥ 《小雅·六月》篇第一章有"载是常服"的诗句.
⑦ 《鄘风·君子偕老》篇第一章有"象服是宜"的诗句.
⑧ 《小雅·采芑》篇第二章有"服其命服"的诗句.
⑨ 《郑风·丰》篇第三章有"裳锦褧裳"的诗句.

面的下衣；"绣裳"①，绣有五色花纹的下衣；"绁袢"②（xie pan），指素色贴身的内衣；"褐"③（he），为粗毛或粗麻制成的短衣，是贫贱之服；"袍"④，为长衣，即今长袍也；"蓑"⑤（suo），即蓑衣，用棕毛或草制成的雨衣，等等。

9. 数字知识

在《诗经》中，数字的运用已是相当熟练、丰富，其熟练之程度、丰富之数量，与当今相比有过之而无不及。这些数字融入《诗经》三百多篇诗句中，准确地描述了事物，抒发了情感，发挥了无可替代的功能。据笔者统计，《诗经》中一至九的基本数字在159首诗篇中出现264次；十、百、千、万、亿、秭等位数在99首诗篇中出现155次；有大写数字壹、贰，量词双、两、骖、驷等，数学词汇数、倍等，在28首诗篇中出现45次。以上合计在《诗经》中出现数字及其词汇共464次，平均每首诗篇约出现1.5次；乃至出现数字化诗篇《豳风·七月》。

①一至九的基本数。比如，《王风·采葛》篇第一、第二、第三章曰："一日不见，如三月兮""一日不见，如三秋兮""一日不见，如三岁兮"。运用三个排比诗句，以"一日"比喻"三月"，进而比喻"三秋""三岁"，逐步升级，生动形象地表达了年轻男子对姑娘的真挚而热切的思慕之情。又如，《大雅·常武》篇用"整我六师"（第一章）、"三事就绪"（第二章）、"四方既平"（第六章）等诗句，歌颂了周宣王征淮夷、平徐方、中兴西周的业绩。诗中的六、三、四用得十分贴切，并与师、事、方相配，达到无与伦比的诗景。

---

① 《秦风·终南》篇第二章有"黻衣绣裳"的诗句.
② 《鄘风·君子偕老》篇第三章有"是绁袢也"的诗句.
③ 《豳风·七月》篇第一章有"有衣无褐"的诗句.
④ 《秦风·无衣》篇第一章有"与子同袍"的诗句.
⑤ 《小雅·无羊》篇第二章有"何蓑何笠"的诗句.

类似上述带有数字的诗篇，几乎篇篇都用得那么妥切、精彩。在《诗经》305首诗篇中，运用数字之多是完全出乎人们意料的。据笔者统计，"一"字在21首诗篇中累计出现了33次，"六"字在17首诗篇中累计出现了22次；在一到九的9个基本数字中出现最多的数字是"四"字，在49首诗篇中累计出现了93次。9个基本数字（未计"零"字，因为《诗经》5首诗篇中出现的12处"零"字，没有一处是指数字的零），在《诗经》159首诗篇（其中55篇有重复，去掉重复为104篇）中合计出现264次（表2）[①]。

表2　一至九数在《诗经》中出现情况

数字	出现篇数	出现次数
一	21	33
二	14	18
三	31	46
四	49	93
五	8	12
六	17	22
七	6	14
八	6	12
九	7	14
合计	159*	264

* 去掉重复的55篇，实为104篇

---

① 孙关龙.《诗经中的数字》.载《太原师范大学学报》（社会科学版）第7卷（2008年）第2期.

②"十"以上的位数数字。《诗经》中不但有数以百计的一至九的基本数字，还有数以百计的十、百、千、万、亿、秭等位数数字（"个"位数概念及其用法在《诗经》中已有出现，但由于当时盛行单音节词汇等原因，《诗经》中未出现"个"位数的"个"字，故省略不计）。这些位数在诗篇中运用之自如，十分惊人。比如，祭祀歌颂祖先的乐歌《小雅·楚茨》篇用了两个"百"字、三个"万"字、三个"亿"字，回顾美好的"粮食满仓"的祖先时代，说："我庾（粮仓）维亿""以万计亿计"，粮仓"时万时亿"，企盼人们"百种福气"，并能"卜尔百福""报以万寿无疆"的五谷丰登、平安和谐的情景。再如，《周颂·丰年》是一首仅有30字的诗篇，出现了"百""万""亿""秭"四个位数数字，且与"黍""稌"（tu，稻也①）"廪""醴"相配对，惟妙惟肖地烘托出西周前期欣欣向荣的景象。

《说文解字》指出：百，"十十也"；千，"十百也"；"十万曰意（亿）"②。唐孔颖达疏："亿之数有大小二法：其小数以十为等，十万为亿，十亿为兆也；其大数以万为等，万至万是万万为亿，又从亿而数亿至万亿为兆，亿亿曰秭"③。《孙子算经》则说："凡大数之法，万万曰亿，万万亿曰兆，万万兆曰京，万万京曰垓，万万垓曰秭"④。可见，无论是十、百、千、万，还是亿、秭计数的小法和大法，都是十进位，且在诗经时代（公元前11～前7世纪）运用得十分熟练；在《诗经》中出现了表达极限的数字——秭。

在《诗经》中，对基本数字（一至九）和各个位数（十、百、千、万等）相加所构成的组合数字的运用，在当时也已十分自如。例如，对"三"的用法，已有三个、三十、三百、三千、三万等系列用法。

---

①高亨.《诗经今注》.第289～290页.上海：上海古籍出版社.1980.

②许慎.《说文解字》.第50、74页.北京：中华书局.1963.

③④《汉语大字典》.第1084页.成都、武汉：四川辞书出版社.湖北辞书出版社.1993.

《小雅·何人斯》篇第七章有"出此三物"的诗句，三物指祭祀用的豚、犬、鸡；《小雅·六月》篇第二章有"于三十里"的诗句，指士兵一日行军仅为三十里；《魏风·伐檀》篇第三章有"胡取禾三百囷兮"（囷，qūn，圆形粮仓）的诗句，是说谷物丰收装满三百个粮仓；《鄘风·定之方中》篇第三章有"騋牝三千"的诗句，意为高大牝马（即母马）有三千匹之多；《鲁颂·閟宫》篇第五章有"公徒三万"的诗句，指千辆兵车配有三万兵力。它们十分准确而清晰地表达了不同数字的层次及其所表示事物的含义，而且音韵相配，朗朗上口。

这些位数数字在《诗经》中出现的次数也相当多。据笔者统计，"百"字是这些位数数字出现最多的一个位数，在46首诗篇中累计出现70次；这6个位数数字在《诗经》的99首诗篇（去掉重复的32篇，实有67篇）中，合计出现155次（表3）[①]。

表3 十、百、千、万、亿、秭在《诗经》中出现情况

位数字	出现篇数	出现次数
十	9	17
百	46	70
千	8	12
万	28	47
亿	6	7
秭	2	2
合计	99*	155

* 去掉重复的32篇，余为67篇

①孙关龙.《诗经中的数字》.载《太原师范大学学报》（社会科学版）第7卷（2008年）第2期.

③其他数字和数词。《诗经》中不但有大量的一至九的基本数字和十、百、千、万、亿、秭等位数数字，还有大写的数字、量词和数词。

ⓐ大写数字。笔者反复查核，"壹"字在《诗经》3首诗篇中（《召南·驺虞》《小雅·小宛》《小雅·何人斯》）出现5次，"贰"字在《诗经》3首诗篇中（《卫风·氓》《大雅·大明》《鲁颂·阏宫》）出现3次，都具有数字含义。在《诗经》中，未发现"叁"（三的大写）、"伍"（五的大写）、"柒"（七的大写）、"捌"（八的大写）字，有"肆""陆""玖""拾"字，但都没有数字含义[1]。

ⓑ量词。有两、双、乘、骖、驷。

"两"字在《诗经》7首诗篇中累计出现16次，其中2首诗篇4次出现的"两"字，是指"辆"字，没有数字含义；其余5首诗篇中出现的12次，则都有数字意义，指为"二"。例如，《鄘风·柏舟》篇第一章曰"髧（dàn）彼两髦"，说下垂的头发梳成两条辫子[2]。又如，《郑风·大叔于田》篇第三章云"两服齐首，两骖如手"，"两服"指中间驾辕的两马，"两骖"指两旁的边马，诗句是说：中间驾辕的两马并头前进，两旁的边马则如同两手。《广雅·释诂》指出："两，二也。"

"双"字在《诗经》1首诗篇中出现1次。《齐风·南山》篇第二章有"冠緌双止"的诗句，"緌"（ruí）为帽穗，由丝绳制成，下垂胸前，左右各一，所以言"双"[3]。

"乘"字除指驾、辆、登、坐等意义外，还是一个量词。作为量词，"乘"字有两义：一义为一车四马的总称[4]。例如，《郑风·大叔于田》篇第一章曰"叔于田，乘乘马"，诗句中的第一个"乘"字意为"驾"，第二个"乘"字即指一车四马，诗句的大意是说：郑国的贵族叔要去打猎，驾上了四匹马拉的一辆车。另一义则为"四"，《字汇》

---

①孙关龙.《诗经中的数字》.载《太原师范大学学报》（社会科学版）第7卷（2008年）第2期.
②高亨.《诗经今注》.第64页.上海：上海古籍出版社.1980.
③高亨.《诗经今注》.第133～134页.上海：上海古籍出版社.1980.
④《汉语大字典》.第17页.成都、武汉：四川辞书出版社，湖北辞书出版社.1993.

指出："四数曰乘"①。例如，《小雅·鸳鸯》篇第三、第四章都有"乘马在厩"的诗句，即说在马厩中有四匹马。"乘"字在《诗经》17首诗篇中累计出现25次，其中有数字含义的"乘"字在8首诗篇中共出现14次。

"骖"字在《诗经》4首诗篇中出现6次，其中3首5次是指四驾马车中的外两马（内两马称"服"），仅有1首诗篇出现的1次为量词。《小雅·采菽》篇第二章有"载骖载驷"的诗句。"骖"，指一车驾三马；"驷"，指一车驾四马②。诗句是说：有驾三马的车、有驾四马的车。《说文解字》指出：骖，"驾三马也"③。

"驷"字在《诗经》5首诗篇中出现7次，全部为量词，意指"四马"。例如，《郑风·清人》篇第一章有"驷介旁旁"的诗句，"驷"指一车驾四马，"介"为披甲，诗句是说：披甲的四马气势昂昂。

《诗经》中还有一系列的量词。例如，长度单位有尺、寻、里，重量或容量单位有升、斗，面积单位有亩、廛，时间单位有日、月、年等。

ⓒ数词。至少有数、倍字。

"数"字在《诗经》1首诗篇中出现1次，即《小雅·巧言》篇中的"心焉数之"的诗句。"数"指计算④，诗句是说：心中在算计之。

"倍"字在《诗经》1首诗篇中出现1次，即《大雅·瞻卬》篇第四章的"如贾三倍"的诗句。"倍"，为倍数，又称乘数⑤，说明诗经时代已有加减乘除的四则运算。"贾"，为商人。诗句的大意是说：如那商人求利三倍。

④数字化诗篇《豳风·七月》。《诗经》中最为典型的数字化诗篇是《豳风·七月》篇。它以系列的数字一至十所组成的12个月为纲，从

---

①高亨.《诗经今注》.第110～111页.上海：上海古籍出版社.1980.
②高亨.《诗经今注》.第348～349页.上海：上海古籍出版社.1980.
③许慎.《说文解字》.第200页.北京：中华书局.1963.
④高亨.《诗经今注》.第297～299页.上海：上海古籍出版社.1980.
⑤《不列颠百科全书》（国际中文版）.第11卷.第448页.北京：中国大百科全书出版社.1999.

"一之日"开始，逐月叙述，直至最后的"十月"，十分完整且较为系统地记述了12个月豳地（今陕西旬邑县、邠县一带）的农事和物候。

《豳风·七月》篇，以时系物，以物缀时，运用诗歌的手法，直叙中国上古时代豳地12个月的农事和物候。全诗八章，第一章总括全诗，从岁寒写到春耕开始，明代学者孙钌云："一之日句法奇甚，觱发二字更奇峭。谚云：三九二十七，篱头吹觱栗。"第二、第三章写豳地农妇蚕桑、织染之事。第四、第五章写农事及狩猎等事。第六、第七章写农桑之余，还得为贵族们干各种劳役，然后才修补自己的住房。第八章从凿冰写到年终宴饮，为贵族们祝福。清代学者方玉润在《诗经原始》中评曰："诗语堂皇，庄重不佻"①。它表明，当时的豳历，即先周的历法：岁始是"一之日"，岁终是"十月"。在记月上采用了三种形式并用的方式：ⓐ一种是用"某之日"表示某月，例如"一之日""二之日""三之日""四之日"。"一之日"代表冬月，相当于周历十一月，夏历一月，现公历12月；"二之日"代表腊月，相当于周历十二月，夏历二月，现公历1月；"三之日"相当于周历一月，夏历三月，现公历2月；"四之日"为春月，相当于周历二月，夏历四月，现公历3月。ⓑ一种是以农事或物候命名，例如"蚕月"。因为开始采桑养蚕，故豳历三月以"蚕月"命名②。ⓒ一种是以某月直接表示，例如"四月""五月"……"十月"。豳历四月，相当于周历四月，夏历六月，现公历5月；豳历十月，相当于周历十月，夏历十二月，现公历11月等。这是一种很特殊的、古拙的记月方法或说历法，高亨认为它可能是周历的前身③，陈子展认为它反映先周公刘时代（相当于夏末，约公元前17世纪后期）的情况④。该诗全部383字，其中数的字数达40

---

① 《诗经百科辞典》.第266~271页.沈阳：辽宁人民出版社.1998.
② 孙关龙.《诗经中的数字》.载《太原师范大学学报》（社会科学版）第7卷（2008年）第2期.
③ 高亨.《诗经今注》.第204页.上海：上海古籍出版社.1980.
④ 陈子展.《诗经直解》.第482页.上海：复旦大学出版社.1983.

表4 《豳风·七月》的农事和物候历

豳历	周历	夏历	物候	农事
一之日	十一月	一月	觱发（寒风猛吹）	于貉（狩貉）
二之日	十二月	二月	栗烈（寒气凛冽）	其同（同猎） 凿冰冲冲
三之日	一月	三月		于耜(修理农具) 纳于凌阴（冰块入窖）
四之日	二月	四月	摆韭菜	举趾（开始动锄耕田） 其蚤（祭祀天地）
蚕月	三月	五月	有鸣仓庚（黄莺在鸣）	条桑（摘采嫩桑叶）
四月	四月	六月	秀葽（苦葽结果实）	
五月	五月	七月	鸣蜩（知了鸣叫） 斯螽动股（蚱蜢跳动）	
六月	六月	八月	莎鸡振羽（纺织娘展翼）	食郁及薁（食郁李、野葡萄）
七月	七月	九月	鸣鵙（杜鹃叫鸣） 在野（蟋蟀在野外）	亨葵及菽（食冬葵、豆子） 食瓜
八月	八月	十月	在宇（蟋蟀在屋檐下）	萑苇（割苇子） 载绩（织麻） 其获（收庄稼） 剥枣 断壶（摘瓠瓜）
九月	九月	十一月	在户（蟋蟀进入房屋） 肃霜（下霜）	叔苴（收获苴麻） 筑场圃
十月	十月	十二月	陨蘀（草枯落叶） 蟋蟀入我床下	获稻 纳禾稼 涤场（打扫场圃）

个，占全诗字数的十分之一多，且是全诗之纲。它不但有一至十的数，还有"百""万"，充分显示当时已有十进位，并朗朗上口，富有韵味，成为中国和世界上最早的一首十二月民歌，堪称当时中国和世界数字化诗篇之最。诚如陈子展所言，它是《诗经》三百篇中的"一大杰作"，"具有特大的历史价值，极高的文艺价值"，是"不朽的伟大诗篇"①。

《豳风·七月》篇不但在数字方面有极高的科学价值，而且在物候、农事方面也具有极高的科学价值。它按月记载了豳地当时的物候、农事活动（表4）。它易懂好记，科学实用，勾画出了一幅中国和世界最早的农耕四季风俗图。所以，历代中国的官员都以此作《豳风图》，悬挂在自己的卧室中，坐而观之，不忘农时、农耕。

⑤几点看法。《诗经》中的数字及其知识，展现了西周至春秋中期我国传统数学的面貌。至今，我国缺乏战国以前传统数学的第一手资料，《诗经》中的数字及其相关知识有助于填补这个空缺。

ⓐ证明十进位计数法在西周初乃至以前已经存在。《豳风·七月》篇成于周初（公元前11世纪），证明当时十进位计数法已在中国确立，并至少已计算到"万"。这验证了依据甲骨文记载晚商时期已有十进位法的论断②（殷墟出土的商代骨尺和牙尺，尺面上的刻度亦是十进位的③）。西周时期的《周颂·丰年》《周颂·载芟》诗篇，咏诵出"百亿及秭"的诗句，说明至迟在公元前8世纪，中国已出现"极限数字"的数——秭。按陈子展的研究成果，《豳风·七月》篇反映的是先周公刘时代的事④，年代上则相当于夏末、公元前17世纪后期，那么中国的十进位计算法则要提前到公元前17世纪后期。在春秋战国时代则形成十

---

①陈子展.《诗经直解》.第482～483页.上海：复旦大学出版社.1983.
②《中国大百科全书·数学》卷.第847页.北京：中国大百科全书出版社.1988.
③《中国大百科全书·考古学》卷.第659页.北京：中国大百科全书出版社.1988.
④陈子展.《诗经直解》.第482页.上海：复旦大学出版社.1983.

进位制，约公元前4世纪的《墨经》中，有"一少于二而多于五，说在建位"的记载，即指出一个数的大小除本身的数值外，还要看它的位值①。遗憾的是《大英百科全书》（即《不列颠百科全书》）至今把十进位制数系，称为印度—阿拉伯数系或阿拉伯数系，不提十进位制是中国人发明的②。这是有违于百科全书客观公正原则的。

世界各个文明民族在生活、生产实践中，都先后独立地发明数和数法。如古巴比伦发明六十进位法，古印度发明六进位、八进位法，美洲古代玛雅人发明二十进位法，古希腊发明五进位法，中国古人和古埃及则分别独立地发明十进位法（古埃及的十进位法没有传承下来）。中国发明的十进位制在对外交往中东传朝鲜、日本，南传越南等东南亚各国，西传南亚、中亚各国。古印度于公元5世纪改用十进位制，于公元8世纪从印度传至古代阿拉伯，在9世纪传至欧洲。15世纪末期至16世纪早期由欧洲传至美洲，以后又传入非洲、大洋洲。在实践中，十进位制较其他各种计数法实用、好用，且便于高速计算、重复计算、复杂计算，很快风靡全球，取代其他记数方法，成为当今世界各国、各地区、各民族公认的标准计数法。它的西传，使原来短于计算、长于公理化和演绎的欧洲数学克服弱点，加速发展，形成和完善初等数学，进而发展为高等数学（以微积分的出现为标志），并从古代数学中发展出近现代数学。十进位制在世界上普遍地采用，大大地促进世界和各国社会、经济、科教、文化等各个方面的交流与发展。英国著名学者、科技史家李约瑟指出：如果没有中国发明的"十进位制，就几乎不可能出现我们现在这个统一化的世界。"马克思在其《数学手稿》一书中，称赞十进位制是"最妙的发明之一。"③

①《中国大百科全书·数学》卷.第847页.北京：中国大百科全书出版社.1988.
②《不列颠百科全书》（国际中文版）.第5卷.第195页.北京：中国大百科全书出版社.1999.
③孙关龙.《十进位制也是中国人的伟大发明》.《大众日报》2014年3月9日.

ⓑ西周时期已有四则运算。《大雅·瞻卬》篇一首讽刺周幽王乱政亡国的诗篇，作者是一位受迫害者。他作此诗感叹国家的不幸、个人的遭遇。诗中已说到"如贾三倍"。倍，即倍数，又称乘数，表明西周时期在买卖中已经运用四则运算，而且四则运算已运用得相当广泛，所以才在人们的诗歌中有所反映。

ⓒ汉字数字大写不都始于唐武后时代。至今人们都遵循清代学者顾炎武在《金石文字记》中所述："凡数字作壹、贰、叁、肆、伍、陆、柒、捌、玖等字，皆武后所致。"武后，指唐代武则天当政时代，为公元690～704年。1999年出版的《汉语大字典》（缩印本）仍持有这个观点①。然而，《诗经》中的《卫风·氓》《召南·驺虞》《小雅·小宛》《小雅·何人斯》《大雅·大明》《鲁颂·闷宫》篇，已有一、二的大写"壹""贰"。这些诗篇主要形成于西周时代（公元前1046～前771）。也就是说，《诗经》中的汉字数字大写"壹""贰"在西周时代已经出现，比现今人们公认的出现于唐武后时代要早1000多年。

实际上，我国的第一部字典——东汉许慎的《说文解字》，与《诗经》一样也载有"壹""贰"两个数字的大写，及其把"壹"释为一、"贰"释为二的文字②，且也仅有"壹""贰"两个数字的大写。从《诗经》中记载的诗篇我们得知：在诗经时代大写数字壹、贰的用法在地域上分布已是相当广泛，至少已分布在今陕西、河南、山东、湖北北部等地。

ⓓ汉字数字的大写在古代并不限于官书和财用。宋元之间戴侗所撰的《六书故·数》曰："今惟财用出内之文簿书，用壹贰叁肆伍陆柒捌玖拾佰仟万，以防奸易。"清代朱骏声《说文通训定声·履部》云："今官书数目一二三四作壹贰叁肆，所以防奸易也。"因此，今人误以为

---

①《汉语大字典》（缩印本）.第1512页.成都，武汉：四川辞书出版社，湖北辞书出版社.1999.
②许慎.《说文解字》.第130、214页.北京：中华书局.1963.

中国古代汉语数字大写仅用于官书和财用。《诗经》上述6首诗篇中累计出现8次壹和贰字，说明在诗歌中亦早已有运用。而且，《召南·驺虞》《卫风·氓》篇分别是召地（今湖北长江北部）、卫地（今河南中部）民间诗歌，说明在民间也早已有运用大写数字的现象，并不全局限于官府。

《诗经》中还有不少生态知识、食品知识、物理知识等记载，限于篇幅，不再一一叙述。

笔者在上面花费那么大的篇幅，叙述《诗经》中有关知识，为的是说明孔子的号召"多识于鸟兽草木"的深度和广度。郭沫若指出，《诗经》是"我国文献中一部可靠的古书"[①]。梁启超说："现存先秦古籍，真赝杂糅，几乎无一书无问题，其精金美玉、字字可信可宝者，《诗经》其首也"[②]。2500年来，响应孔子"多识于鸟兽草木"号召的人和著作不多，在不多的响应的人和著作中不少又作片面的理解，认为多识几个草木之名、鸟兽之名即可，像《尔雅》那样全面释解和发展《诗经》，并形成为知识体系的著述则是十分罕见。而今，知晓孔子有"多识于鸟兽草木"号召的人不多，而能深切理解这一号召内涵的人则更是少之又少。所以，本书既然要叙述孔子"多识于鸟兽草木"号召的内容，便有义务和责任展现这一个号召的深度和广度，以显示其真谛。

①郭沫若.《中国古代社会研究》（第二版）.第77页.北京：人民出版社.1964.
②梁启超.《要籍解题及其读法》.长沙：岳麓书社.2010.

三、全面系统记述天地之象和自然灾异

孔子不但是中国历史上第一个提出"利器论"、第一个提出要"多识于鸟兽草木"的学者,而且是中国和世界上全面系统记载天地之象和自然灾异的第一人。

孔子经过长期教学实践,并进行研究后整理而成的《春秋》一书,既是中国第一部编年体史书,又是现知中国和世界上最早全面系统记述天地之象和自然灾异的著述。它记载上迄鲁隐公元年(公元前722年)、下至鲁哀公十四年(公元前481年,下省"公元""年"字)年间,共242年的天地之象和自然灾异史料。其记载之全面性、系统性、科学性无论在中国还是世界上都是前所未有的。①

(一)自然记录的全面性

《春秋》中记述的自然史料,内容丰富,数量可观,且非常全面,包括:①天象记录,记录日食37次,彗星4次,陨石1次,流星雨1次,合计43次。②气象记录,记有大雪(含雪)3次,大雹3次,大雨(含雨)6次,雷震2次,霜降2次,大雩21次,长时间不雨5次,大旱2次,冷暖失时18次,白天漆黑1次,天火10次,合计73次(其中重复14次)。③地象记录,记述山7座,丘20个,山崩2次,地震5次,合计34次(其中重复2次)。④水象记录,录记河流15条,湖池7个,泉水3处,大水9次,合计34次。⑤生物象记录,内含动物14类(或种),植物7类(或种),蠡(蝗虫)害12次,螟害3次,蜚害1次,蜮害1次,麋害1次,鸜鹆害4次,六鹢退飞1次,获麟1次,鹳鹆来巢1次,十二月不杀草1次,十二月李、梅实各1次,十月杀菽1次,大有年(含有年)2次,

①孙关龙.《〈春秋〉科学考》.第5~7、137~140页.深圳:海天出版社.2015.

大无麦、禾2次，合计54次（其中重复15次）。⑥人体象记录，含有大饥（含饥）5次，疫1次等，合计6次。以上共记天地之象244次（重复31次），去重复后为213次；其中自然灾害和自然异常（统称"自然灾异"）为171次（重复18次），去重复后为153次（表5、6）。

表5 《春秋》中自然记录一览表①

大类	天象记录				气象记录											地象记录				水象记录				生物象记录						人体象记录	
具体类别	日食	彗星	流星雨	陨石	大雹	大雪（含雪）	大雨（含雨）	大雩	长时间不雨	大旱	雷震	霜降	冷暖失时	白天漆黑	天火	地震	山崩	山	丘	大水	河	湖池	泉	蟊害	其他动物灾害	动物异常	农作物异常	动物	植物	疫	大饥（饥）
次数	37	4	1	1	3	3	6	21	5	2	2	2	18	1	10	5	2	7	20	9	15	7	3	12	10	3	8	14	7	1	5
小计	43				73（重14次）											34（重2次）				34				54（重15次）						6	

可见，《春秋》对天地之象和自然灾异记录的类型全，有天象、气象、地象、水象、生物象、人体象六大方面，现代自然史料的六大类型全部齐备。自然史料记录的项目多，上述统计即达50项之多（见表5、表6），其中自然灾异达43项，占86%。记录自然史料的数量大，上述统计达244次，其中主要是自然灾异记录为171次，约占70%。这里还未计干支（表示年、月、日、时辰及其次序）记录393次，朔（指中国农历

---

①孙关龙.《〈春秋〉科学考》.第3～4页.深圳：海天出版社.2015.

表6　《春秋》中冷暖失时、生物灾异的补充①

冷暖失时（18次）										生物灾异补充（21次，重4次）												
										其他动物灾害*					动物异常			植物（农作物）异常				
春无冰	冬蚕	正月雨木冰	冬春大雨雹	十二月不杀草	十二月李梅实	三月大雨震电	三月大雨雪	十月雪	十月杀菽	螟害	鼷鼠害	麋害	蜚害	蜮害	获麟	鹆退飞	鹳鹆来巢	十二月不杀草	十二月李梅实	十月杀菽	大无麦禾	大有年
3	4	1	2	1	2	2	1	1	1	3	4	1	1	1	1	1	1	1	2	1	2	2

*此处蠡害未计入内。

月初一）记录30次等②。以上充分说明，《春秋》所记天地之象和自然灾异的全面性。

（二）自然记录的系统性

《春秋》中的自然记录，不但类型全、项目多、数量大，而且200多年间记载的每一条（或次）自然史料都有年、月或年、月、日的时间和地点，其系统性在中外历史上都是前所未有的③。例如：

1. 系统的日食记载。《春秋》中记载鲁隐公元年（前722），至鲁哀公十四年（前481）242年的37次日食，每次都有年、月、日的时间和地点的内容，还区分出全食与偏食、昼食与夜食（表7）④，从而开创了中国和世界系统记载日食的历史。

①孙关龙.《〈春秋〉科学考》.第66～71、108～120、138页.深圳：海天出版社.2015.
②孙关龙.《〈春秋〉科学考》.第23页.深圳：海天出版社.2015.
③孙关龙.《〈春秋〉科学考》.第5～7页.深圳：海天出版社.2015.
④孙关龙.《〈春秋〉科学考》.第23～30页.深圳：海天出版社.2015.

表7 《春秋》日食记录

序号	《春秋》中的记载	公历年-月-日（公元前）	古代记录	顾栋高文	张培瑜文	关立言文	胡铁珠文	较多学者意见
1	隐公三年春王二月己巳日有食之	720-02-22	日食	√	√	√	√	√
2	桓公三年秋七月壬辰朔日有食之既	709-07-17	全食	√	√	√	√	√
3	桓公十七年冬十月朔日有食之	695-10-10	日食	√	√	√	√	√
4	庄公十八年春王三月日有食之	676-04-15	日食	?	√	√	√	√
5	庄公二十五年六月辛未朔日有食之	669-05-27	日食	√	√	√	√	√
6	庄公二十六年冬十二月癸亥朔日有食之	668-11-10	日食	√	√	√	√	√
7	庄公三十年九月庚午朔日有食之	664-08-28	日食	√	√	√	√	√
8	僖公五年九月戊申朔日有食之	655-08-19	日食	√	√	√	√	√
9	僖公十二年春王三月庚午日有食之	648-04-06	日食	√	√	√	√	√
10	僖公十五年夏五月日有食之	645-05-03	夜食	√	√		○	○
11	文公元年二月癸亥日有食之	626-02-03	日食	?	√	√	√	√
12	文公十五年六月辛丑朔日有食之	612-04-28	日食	√	√	√	√	√
13	宣公八年秋七月甲子日食之既（"七"是"十"之误，应为十月甲子）	601-09-20	全食	?	?	√	√	√
14	宣公十年夏四月丙辰日有食之	599-03-06	日食	√	√	√	√	√
15	宣公十七年六月癸卯日有食之	592-05-17	夜食	√	√	√	?	√
16	成公十六年六月丙寅朔日有食之	575-05-09	日食	√	√	√	√	√
17	成公十七年十有二月丁巳朔日有食之	574-10-22	日食	√	√	√	√	√
18	襄公十四年二月乙未朔日有食之	559-01-14	日食	√	√	√	√	√
19	襄公十五年秋八月丁巳日有食之（杜预注：八月无丁巳，丁巳为七月初一日）	558-05-31	日食	√	√	√	√	√
20	襄公二十年冬十月丙辰朔日有食之	553-08-31	日食	√	√	√	√	?
21	襄公二十一年九月庚戌朔日有食之	552-08-20	日食	√	√	√	√	√
22	襄公二十一年冬十月庚辰朔日有食之	552-09-19	日食	○	○	○	○	○
23	襄公二十三年春王二月癸酉朔日有食之	550-01-05	日食	√	√	√	√	√
24	襄公二十四年秋七月甲子朔日有食之既	549-06-19	全食	√	√	√	√	√
25	襄公二十四年八月癸巳朔日有食之	549-07-18	日食	○	○	○	○	○
26	襄公二十七年冬十有二月乙亥朔日有食之（《左传》指出，应是十一月乙亥）	546-10-13	日食	√	√	√	√	√
27	昭公七年夏四月甲辰朔日有食之	535-03-18	日食	√	√	√	√	√
28	昭公十五年六月丁巳朔日有食之	527-04-18	日食	√	√	√	√	√
29	昭公十七年夏六月甲戌朔日有食之（此条六月甲戌有误，应为九月癸酉）	525-08-21	日食	√	√	√	√	√
30	昭公二十一年秋七月壬午朔日有食之	521-06-10	日食	√	√	√	√	√
31	昭公二十二年十有二月癸酉朔日有食之	520-11-23	日食	√	√	√	√	√
32	昭公二十四年夏五月乙未朔日有食之	518-04-09	日食	√	√	√	√	√
33	昭公三十一年十有二月辛亥朔日有食之	511-11-14	日食	√	√	√	√	√
34	定公五年春王三月辛亥朔日有食之	505-02-16	日食	√	√	√	√	√
35	定公十二年十有一月丙寅朔日有食之	498-09-22	日食	√	√	√	√	√
36	定公十五年八月庚辰朔日有食之	495-07-22	日食	√	√	√	√	√
37	哀公十四年五月庚申朔日有食之	481-04-19	日食	√	√	√	√	√

注：√为肯定的日食，○为否定的日食，?为存疑的日食

2. 系统的旱灾记录。《春秋》中系统记载鲁隐公元年（前722），至鲁哀公十四年（前481）242年的28次旱灾。28次旱灾记录分为三个层次：① 大雩记录21次。《左传》曰："大雩，旱也"[1]。《公羊传》云："大雩者何以书，记灾也"[2]。21次大雩均主要发生在鲁国。其中20次发生在秋季，为秋旱；1次发生在冬季，为冬旱（表8）[3]。②长时间不雨的记录5次。包括整整一个季度不下雨的，两三个季度不雨的，连续8个月不下雨的（表9）[4]。对长时间不雨是不是灾？历史上是有争议的。笔者翻阅大量史书、志书及相关书籍，收集到大量长时间不雨的史料，其造成的"死亡载道""人相食""饿殍无算""村空无烟"等灾难屡见不鲜，因此认为"长时间不雨不但是灾害，而且是较为严重的旱灾，严重程度甚于'大雩'"[5]。③大旱记录2次。一次发生在夏季，为夏旱；一次发生在秋季，为秋旱。发生地点主要在鲁国。发生时间与5次长时间不雨大致相同，都在公元前7世纪下半叶（表10）[6]。

现代气象学对旱灾分为四级：Ⅰ级，轻度旱灾，成灾面积10%～20%，减产小于一成。Ⅱ级，中度旱灾，成灾面积20%～40%，减产一至三成。Ⅲ级，严重旱灾，成灾面积40%～60%，减产三至五成。Ⅳ级，特大旱灾，成灾面积60%以上，乃至100%；减产五成以上，以至颗粒无收（表11）[7]。现代气象学对旱灾分级重点是成灾面积和减产数。《春秋》中对旱情的记载也是这样，因而第一级旱灾是"大雩"，未用"旱"字；第二级旱灾是"长时间不雨"，亦未用"旱"字；第三级旱

①宋元人注.《四书五经》.下册.第341、396、419、427、452、470、472页.北京：北京市中国书店.1984.

②宋元人注.《四书五经》.下册.第72页.北京：北京市中国书店.1984.

③孙关龙.《〈春秋〉科学考》.第51～53页.深圳：海天出版社.2015.

④孙关龙.《〈春秋〉科学考》.第53～56页.深圳：海天出版社.2015.

⑤孙关龙.《〈春秋〉科学考》.第54～56页.深圳：海天出版社.2015.

⑥孙关龙.《〈春秋〉科学考》.第56～57页.深圳：海天出版社.2015.

⑦《中国大百科全书》.第二版.第9卷.第246页.北京：中国大百科全书出版社.2009.

表8 《春秋》中大雩（旱灾）记载

年 份	季节或月份	主要地点	备注
桓公五年（前707）	秋	鲁	
僖公十一年（前649）	秋八月	鲁	
僖公十三年（前647）	秋九月	鲁	
成公三年（前588）	秋	鲁	
成公七年（前584）	冬	鲁	
襄公五年（前568）	秋	鲁	
襄公八年（前565）	秋九月	鲁	
襄公十六年（前557）	秋	鲁	
襄公十七年（前556）	九月	鲁	
襄公二十八年（前545）	秋八月	鲁	
昭公三年（前539）	八月	鲁	
昭公六年（前536）	秋九月	鲁	
昭公八年（前534）	秋	鲁	
昭公十六年（前526）	九月	鲁	
昭公二十四年（前518）	秋八月	鲁	
昭公二十五年（前517）	秋七月上辛	鲁	
	秋七月季辛	鲁	旱甚也
定公元年（前509）	九月	鲁	
定公七年（前503）	秋	鲁	
	九月	鲁	旱甚也
定公十二年（前498）	秋	鲁	

表9　《春秋》中长时间不雨（旱灾）的记载

年　份	季　节	主要地点	备注
庄公三十一年（前663）	冬	鲁	
僖公二年（前658）	冬十月至三年夏五月	鲁	
文公二年（前625）	自十二月至三年秋七月	鲁	
文公十年（前617）	正月至（第二年）秋七月	鲁	
文公十三年（前614）	正月至（第二年）秋七月	鲁	

表10　《春秋》中大旱（旱灾）记载

年份	季节	主要地点
僖公二十一年（前639）	夏	鲁
宣公七年（前602）	秋	鲁

表11　现代气象学对旱灾的分级

评价指标	I级 轻度旱灾	II级 中度旱灾	III级 严重旱灾	IV级 特大旱灾
连续无雨/日	15～25	26～40	41～60	＞60
受灾面积/%	10～30	30～50	50～80	＞80
成灾面积/%	10～20	20～40	40～60	＞60
减产数/成	＜1	1～3	3～5	＞5

灾，用了"旱"字，且与"大"字连用。《春秋》中的三级旱灾大致与现代气象学的四级分类相当，其第一级"大雩"，相当于现代气象学的Ⅰ级，为轻度旱灾；第二级"长时间不雨"，相当于现代气象学的Ⅱ级或Ⅲ级，为中等或严重旱灾；第三级"大旱"，相当于现代气象学的Ⅳ级，为特大旱灾。而且，28次程度不同的旱灾，每一次都有确切年、月或年、季以及地点。可见，《春秋》中对旱灾记载的系统性强，在中外历史上都具有开创性的价值。①

3. 系统的大水记录。《春秋》中记载鲁隐公元年（前722），至鲁哀公十四年（前481）242年的9次大水（表12）②。首先，《春秋》中说的"大水"，即是水灾，或称涝灾、洪灾。《公羊传》在注释为什么记大水时说："何以书？记灾也。"③《谷梁传》则更直截了当地讲："灾曰大水"④。而且，对什么样的水称为"大水"已有记录的标准。《左传》云："凡平原出水，为大水"；《谷梁传》曰："高下有水，灾曰大水"⑤。"平原出水"标准，"高下有水"标准，两者是一致的。平原是接水处，接够了，便会出水，也就成灾了。高处是出水处，高处有水不一定成灾。下处是接水处，接够了，地面上积大面积的水便成灾了。

9次大水记录，每一条都有确切的时间（年、月或年、季），其中8次发生在秋季，为秋涝；1次发生在夏季，为夏涝。每一条也都有地点。这样系统的大水记录，在中国和世界都是首次⑥。

①孙关龙.《〈春秋〉科学考》.第51页.深圳：海天出版社.2015.
②孙关龙.《〈春秋〉科学考》.第91～93页.深圳：海天出版社.2015.
③④⑤宋元人注.《四书五经》.下册.第63页.北京：北京市中国书店.1984.
⑥孙关龙.《〈春秋〉科学考》.第91页.深圳：海天出版社.2015.

表12 《春秋》大水（水灾）记载

年份	季节	地点
桓公元年（前711）	秋	鲁
桓公十三年（前699）	夏	鲁
庄公七年（前687）	秋	鲁
庄公十一年（前683）	秋	宋
庄公二十四年（前670）	八月	鲁
庄公二十五年（前669）	秋	鲁
宣公十年（前599）	秋	鲁
成公五年（前586）	秋	鲁
襄公二十四年（前549）	秋七月	鲁

4. 系统的蝗灾记录。《春秋》中记载鲁隐公元年（前722），至鲁哀公十四年（前481）242年间的12次蝗灾（表13）[1]。每一条都有确切的年、月或年、季度及其地点。对蝗灾这么系统地记载，无论在中国还是在世界都始于《春秋》。

（三）自然记录的科学性

《春秋》中自然记录的科学性表现在多个方面，包括体系的严谨、科学，命名的科学合理，记载的严肃、正确等方面[2]。如记载的严肃性方面，坚持只记现象（自然现象），不言鬼神；只记灾异（自然灾害和自然异常），不书祥瑞，都远胜于以后2000年间所纂修的二十四史中的任何一史[3]。在这多方面的体现中，关键是记述的正确性。《春秋》中

---

① 孙关龙.《〈春秋〉科学考》.第103～108页.深圳：海天出版社.2015.
② 孙关龙.《〈春秋〉科学考》.第140页.深圳：海天出版社.2015.
③ 孙关龙.《〈春秋〉科学考》.第12～13、第140页.深圳：海天出版社.2015.

表13 《春秋》蝗虫灾害记录

害虫	年份	季节或月份	地点	备注
螽	桓公五年（前707）	秋	鲁	
螽	僖公十五年（前645）	八月	鲁	
螽	文公三年（前624）	秋	宋	雨螽
螽	文公八年（前619）	冬十月	鲁	
螽	宣公六年（前603）	秋八月	鲁	
螽	宣公十三年（前596）	秋	鲁	
螽	宣公十五年（前594）	秋	鲁	
螽	宣公十五年（前594）	冬	鲁	蝝生
螽	襄公七年（前566）	八月	鲁	
螽	哀公十二年（前483）	冬十二月	鲁	
螽	哀公十三年（前482）	九月	鲁	
螽	哀公十三年（前482）	十二月	鲁	

自然史料记述的正确性相当高，有些是出乎今人的意料，显示出超时代的高水平。例如：

1.日食记录的科学性。古今学者对《春秋》中日食的真实性进行了大量研究和验证，一致肯定其可靠性、科学性很高。如，西晋杜预研究其中的34次日食，肯定33次，否定1次；清代顾栋高研究，肯定33次日食，否定2次，存疑3次（见表7）；今人张培瑜运用天文历法方法检验，肯定34次，否定2次，存疑1次（见表7）；今人关立言运用近代天体力学方法和计算机推算手段，肯定35次，否定2次（见表7）；今人胡铁珠运用唐《大衍历》复原计算，肯定33次，否定3次，存疑1次（见表7）。现代大多数学者肯定33次，否定3次，存疑1次（见表7），可靠率达89%^①。而史学界一致公认质量较高的、由明清之间学者谈迁在《明实录》基础之上花费30余年时间编撰而成的明代编年史《国榷》一书，记录21次日食，可靠的12次，可靠率约为57%^②。两书同是编年史，《春秋》比《国榷》早约2000年，但日食记录的可靠性却远高于《国榷》，高出约32%。鉴于《春秋》日食记录的系统性、可靠性及其科学价值，天文学史专家把它作为中国和世界天文学史上的一件大事，写入《自然科学发展大事记·天文卷》中^③。

2. 地震记录的科学性。《春秋》中记述鲁隐公元年（前722），至鲁哀公十四年（前481）242年间的一组5次地震（表14）。这是中国和世界上最早有年、月、日确切时间和地点的、成系统的一组地震记载^④。《公羊传》指出："地震者何，动地也。何以书，记异也"^⑤。现代地震学家根据《公羊传》记载的"动地"，推断这是有感地震，不是一、二级无感地震，也不是室内少数人有感觉的三级地震；又根据《公羊传》

表14 《春秋》中地震记载

年　代	记录	地点	折算公元时间	震级（约数）
鲁文公九年	九月癸酉地震	鲁都曲阜	前618年9月22日	4
鲁襄公十六年	五月甲子地震	鲁都曲阜	前557年3月27日	4
鲁昭公十九年	五月己卯地震	鲁都曲阜	前523年4月13日	4
鲁昭公二十三年	八月乙未地震	鲁都曲阜	前519年8月6日	4
鲁哀公三年	夏四月甲午地震	鲁都曲阜	前492年3月17日	4

①孙关龙.《〈春秋〉科学考》.第26~29页.深圳：海天出版社.2015.
②孙关龙.《〈春秋〉科学考》.第28~29页.深圳：海天出版社.2015.
③陈美东主编.《自然科学发展大事记·天文卷》.第6~7页.沈阳：辽宁教育出版社.1994.
④孙关龙.《〈春秋〉科学考》.第77~78页.深圳：海天出版社.2015.
⑤宋元人注.《四书五经》.下册.第230页.北京：北京市中国书店.1984.

记载的"记异"，不是记灾，即它不是形成灾害的五级及其以上的破坏性地震，故而科学地确定这是一组震级相当于约四级的地震，且是中国最早的有感地震记录①。它对研究山东地震历史、中国和世界地震历史具有无可替代的作用。

《春秋》中的地震记录，不但记载科学，有确切的时间、地点等，而且命名科学。据笔者考证：甲骨文与商、西周金文，早于《春秋》的《尚书》《周易》《诗经》等古籍中，均未见"地震"一词，是《春秋》首创"地震"一词②，且2500年来一直沿用至今。在当代，成为地质学、地球物理学的标准术语③④。

3. 陨石、流星雨记录的科学性。《春秋》中记有鲁隐公元年（前722），至鲁哀公十四年（前481）242年间的一次陨石、一次流星雨。

① 陨石记录的科学性。《春秋》记载：鲁僖公十六年春正月戊申朔（前645年12月24日），"陨石于宋，五"⑤。这里的"宋"，是指当时（春秋时期）的诸侯国宋，其都城商丘（今河南商丘市，战国时迁都于彭城，即今江苏徐州市；于公元前286年为齐国所灭）。"五"，是数量，指五颗陨石。全句翻成白话文是说：公元前645年12月24日有五颗陨石坠落于今河南商丘市境内。现知它是中国和世界最早有确切的年、月、日时间和地点的陨石，也开创了中国和世界确切的记载陨石的历史⑥。

什么是陨石？《左传》明确指出："陨星也。"⑦《谷梁传》亦明确地注曰："陨而后石也，于宋。"⑧可见，当时即春秋时国人已认识到陨石源于天上的星体，是天上星体坠落地面而成的石。而在西方，直到

---

① 刀守中、晁洪大主编.《中国历史有感地震目录》.第1页.北京：地震出版社.2008.
② 孙关龙.《〈春秋〉科学考》.第81～84页.深圳：海天出版社.2015.
③ 《地质学名词》.第4页.北京：科学出版社.1993.
④ 《地球物理学名词》.第1页.北京：科学出版社.1988.
⑤⑦⑧ 宋元人注.《四书五经》.下册.第176页.北京：北京市中国书店.1984.
⑥ 孙关龙.《〈春秋〉科学考》.第34～35页.深圳：海天出版社.2015.

1790年7月24日有陨石坠落于法国南部的朱里亚克市，不但该市的官员和百姓因不知它是何物而惊慌，而且连当时法国科学院的院士们也都不知道它是何物，断言天上是不可能掉落任何东西的，进而嘲笑朱里亚克市的官员和居民相信天上掉下了东西，"荒唐、可笑"，是"天生的吹牛大王"[①]。在西方，直到1803年才认识到陨石是天上的星体坠落在地面上的残留物[②]，比国人的认识晚了2000多年。

据笔者考证：ⓐ早于《春秋》的古籍中，未见"陨石"一词；ⓑ在《春秋》之前，称陨石这一天象为"雨石""雨金"，是《春秋》发明"陨石"这一科学名词，且逐步地替代"雨石""雨金"，2000多年来一直沿用至今[③]。在当代，则经过中国全国科学技术名词审定委员会审定和批准，成为天文学中的标准学术名词[④]。

陨石是除月岩之外，人类至今获得的唯一来自地球之外的样品，堪称"天外珍宝"。《春秋》开创有时间、地点的确切记录陨石历史，以后2000多年中国共有700多条陨石记录，是中国和世界研究古代陨石以及地球外星体最为系统、最为珍贵的科学史料，也是中国对人类的一大贡献。在世界上，唯有中国才具有历史这么悠长、连续不断、丰富的、系列化的陨石史料[⑤]。鉴于《春秋》中陨石记录的科学性、重要性，及其命名的科学性等，一些现代天文学著作把它作为天文学史上的大事记载下来[⑥]。

（2）流星雨记录的科学性。《春秋》中记载：鲁庄公七年夏四月辛卯（前687年3月16日）"夜，恒星不见，星陨如雨"[⑦]。这是在当时鲁国

---

① 孙关龙.《〈春秋〉科学考》.第34～35页.深圳：海天出版社.2015.

② 陈美东.《中国古代天文学思想》.第145页.北京：中国科学技术出版社.2008.

③ 孙关龙.《〈春秋〉科学考》.第36～37页.深圳：海天出版社.2015.

④ 《天文学名词》.第31页.北京：科学出版社.1986.

⑤ 孙关龙.《〈春秋〉科学考》.第35页.深圳：海天出版社.2015.

⑥ 陈美东主编.《自然科学发展大事记·天文卷》.第7页.沈阳：辽宁教育出版社.1994.

⑦ 宋元人注.《四书五经》.下册.第104页.北京：北京市中国书店.1984.

国都曲阜（今山东曲阜）见到的发生于公元前687年3月16日的一次流星雨。天文学家研究指出：《春秋》中的"星陨如雨"记载，是中国和世界最早的天琴星座流星雨[①]。

（3）已能正确区分陨石与星陨如雨。《公羊传》深刻地指出："不修春秋曰：雨星不及地尺而复。君子修之，星陨如雨"[②]。"不修春秋"，指未经加工、整理的《春秋》原始版本。"君子修之"，君子是指孔子；"修之"，指加工、整理。全句话的意思是说：未经加工、整理的原始版本《春秋》说的是"雨星不及地尺而复"。孔子进行编修，把此句话改为"星陨如雨"。"星陨如雨"，简洁又科学，成为中国古代记述流星雨的专门名词，流行2000多年，直到20世纪初[③]。天文学家指出："星陨如雨在中国古代作为流星雨现象的专有名词，十分贴切地记述了天琴（星座）、英仙（星座）和狮子（星座）等一系列著名的流星雨现象"[④]。

通过《春秋》中陨石的记载，与"星陨如雨"及其以前的"雨星不及地尺而复"记载，我们可以清楚地了解到《春秋》的编修者已经清晰地认识到陨石与星陨如雨（流星雨）的异同：相同的是，两者都是天上的星体向下陨落的现象；但至少有两点不同：ⓐ星陨如雨（流星雨）是散发的群体陨落现象，"不修春秋"者用了一个"复"字，"君子修之"则改用"如雨"两字，很显然后者更形象、更贴切；陨石则是个体陨落现象，如前述的"陨石于宋，五"[⑤]，即使是五颗陨石，也是一颗一颗地陨落和计算的，不同于星陨如雨之数是数不清的。ⓑ星陨如雨是"不及地尺"。即不是陨落于地面的，或者说是"接于地"，不是落于地；而陨石则是陨落于地面的。

---

① 《中国大百科全书·天文学》卷.第217页.北京：中国大百科全书出版社.1980.
② 宋元人注.《四书五经》.下册.第104页.北京：北京市中国书店.1984.
③ 孙关龙.《〈春秋〉科学考》.第41~42页.深圳：海天出版社.2015.
④ 陈美东主编.《中国古代天文思想》.第243页.北京：中国科学技术出版社.2008.
⑤ 宋元人注.《四书五经》.下册.第176页.北京：北京市中国书店.1984.

现代科学证明，陨石是"穿过地球大气层烧蚀后而残留下来并降落于地面的地外固体物质"[1]，或者说是"流星穿越地球大气层未被烧毁而落到地面的残骸"[2]。星陨如雨即流星雨，则是天体群"高速进入地球大气层并在夜空中呈现的发光余迹现象"[3]，或者说是流星群"进入地球大气层与大气摩擦燃烧产生的光迹现象"[4]。很清楚，现代科学认为：ⓐ陨石是流星，是个体；而星陨如雨（流星雨）是"天体群"或"流星群"，为群体。ⓑ陨石是燃烧后"降落于地面的地外固体物质"，或者说是"未被烧毁而落到地面的残骸"，是"落到地面的实体"；而星陨如雨（即流星雨）是"在夜空中呈现的发光余迹现象"，或者说是"与大气摩擦燃烧产生的光迹现象"，因而它是"不及地"的，或者说是"接于地"，不落于地的。现代科学证实，2500年前的《春秋》编修者当时所认识的"陨石"与"星陨如雨"不同点，是完全正确的，其科学性之强是超时代的。

① 《中国大百科全书》.第二版.第27卷.第446~449页.北京：中国大百科全书出版社.2009.
② 《辞海》.1999年合订本.第1263页.上海：上海辞书出版社.1999.
③ 《中国大百科全书》.第二版.第27卷.第378~379页.北京：中国大百科全书出版社.2009.
④ 《辞海》.1999年合订本.第863页.上海：上海辞书出版社.1999.

四、教授六艺

孔子还是中国历史上目前所知的第一个教授六艺，即全面系统教授科学文化知识和技能的老师。

据史学家蔡尚思研究，打破"学在官府"的传统，兴办私学，并不始自孔子。早于孔子办私学的有"晋国的叔向"等；与孔子同时办学的，"有邓国的邓析、鲁国的少正卯等"。据司马迁说，孔子曾经向之学习过的老师，"有周王室的老子……齐国的晏婴，楚国的老莱子，郑国的子产，鲁国的孟公绰"，"只有在私学风气相当盛行的条件下，孔子才能跑来跑去拜师求教"。但是，孔子办的私学在当时规模最大、影响最大，"是第一所组织完备的学校"①，也是现知第一所全面系统教授六艺，即全面系统教授科学文化知识和技能的私学。

下面我们简略地探讨一下六艺及其中几个与科学技术密切相关的科目。

（一）六艺科目

孔子教学的科目或内容是"六艺"，即礼、乐、射、御、书、数（此为初级六艺课程，高级六艺课程则为《诗》《书》《礼》《乐》《易》《春秋》）。蔡尚思等认为："这六项知识，可以分为三类。书即文字，数即计数，这是学习文化的基础知识。礼和乐，包括当时贵族从事政治活动与宗教活动的主要知识。射，射箭；御，驭车；这二者则是关于战争活动的主要技能"②。按照现今的分类，书、礼、乐属于人文社会科学知识，或说属于人文国学；数、射、御则属于自然科学、技术科

---

① 蔡尚思.《孔子思想体系》.第175～183页.上海：上海人民出版社.1982.
② 蔡尚思.《孔子思想体系》.第175页.上海：上海人民出版社.1982.

学知识，即科学技术知识，或说属于自然国学。孔子教授的六项科目中，科学技术的科目占了一半，能说孔子鄙视科学技术吗？能说孔子视科学技术为小技吗？再从历史的演变看，汉武帝及其以后，"六艺"仅为《诗》（《诗经》）、《书》（《尚书》）、《礼》（《周礼》）、《乐》（《乐经》）、《易》（《易经》）、《春秋》[①]，即儒家的六经；《辞海》也说，"六艺"即"六经"[②]。没有了"射""御""数"的课程，更凸现孔子对科学技术知识的重视。这也说明，孔子的教育传统在汉武帝及其以后并未得到很好的继承。因此，众多学者至今认为的"直到二十世纪初期在我们教育领域里，占统治地位的教育方针、教育原则、教授方法，以及课程设置、教材内容等，依然基本上以孔子为楷模"的看法[③]，值得商榷。一些学者则以为"六艺"又称"六经"，进而提出孔子的教育"有偏执""只注重仁义、道德的发展，鄙弃了生产和科学技术"的观点[④]，则是不符合孔子的"六艺"教育的实际情况的。

据《周礼·地官》篇曰："乃教之六艺：一曰五礼，二曰六乐，三曰五射，四曰五御，五曰六书，六曰九数"。它告诉我们孔子教授的六艺："礼"，是指五礼[⑤]，即教授吉礼（古代以祭祀之事为吉礼）、凶礼（古代以丧葬之事为凶礼）、军礼（古代以军旅之事为军礼）、宾礼（古代以宾客之事为宾礼）、嘉礼（古代以冠婚之事为嘉礼）的五种礼制。"书"，是指六书，即汉字所持有的六种功能或说造字的六种条件：象形、指事、会意、形声、转注、假借。"乐"，是指六乐，指黄帝及以下六代的古乐，每一代一乐，即黄帝之乐《云门》、尧帝之乐《大咸》

① （西汉）司马迁.《史记·儒林列传》.
② 《辞海》.合订本.第391页.上海：上海辞书出版社.1989.
③ 蔡尚思.《孔子思想体系》.第186页.上海：上海人民出版社.1982.
④ 吴芳.《中华教育家思想研究》.第15、19页.武汉：武汉大学出版社.1992.
⑤ 《辞源》.第1册.第140页.北京：商务印书馆.1987.

（即《咸池》）、舜帝之乐《大韶》（也作《大磬》）、禹帝之乐《大夏》、汤帝（商汤王）之乐《大濩》（亦作《大護》《大頀》）、武王（周）之乐《大武》。"射"为五射，指古代举行射礼的五种射法：白矢、参连、剡注、襄尺、井仪。"御"，为五御，指驾车的五种技法：鸣和鸾、逐水曲、过君表、舞交衢、逐禽左。"数"，指九数，为古代数学的九种算法：方田、粟米、差分、少广、商功、均输、方程、赢不足、旁要[1]。

（二）五射科目

五射，指古代射礼上的五种射法：①白矢，指矢"在侯而贯侯过，见其镞白"[2]。矢，为箭；镞，指箭头；侯，为箭靶。全句是说：要求射出的箭射透箭靶，但全箭不能穿越箭靶，而是仅见白色的箭头，表明发矢之准、用力适度。②参连，指"前放一矢，后矢连续而去"[3]，即接连射出飞箭，要求矢矢相属，如连珠之相衔，又称连珠箭法。③剡注，指"羽头高、镞低而去，剡剡然"[4]。羽，指箭翎，亦指带翎的箭；剡（yan），锐利。要求瞬时瞄准，上矢即发，矢而必准，速度快，冲力大。④襄尺，指"臣与君射，不与君并立，襄君一尺而退"[5]。襄，同让。大意是说，臣与君同演练射技，臣要退后一尺，但要求射出的箭要与君矢同时射中靶心区。⑤井仪，指"四矢贯侯，如井之容仪"[6]，即要求四箭连发，都射中靶心区，且都只有箭头穿过箭靶，各箭之间的距离要大致相当，从而构成一个"井"字形图案。可见，五种射法都有相当大的难度，而且愈后则难度愈大，对射技要求也愈高。

---

[1]《周礼注·地官》.
[2][3][4][5][6]《周礼注疏·地官》.

（三）五御科目

五御，指古代驾驭车辆的五种技法。①鸣和鸾。和、鸾为车铃，要求车启动后，铃鸣，鸣声要应对规定的乐曲。②逐水曲。水曲为水势，指"御车随逐水势之屈曲，而不坠水"[①]，即在没有路的河岸旁驾车，要能沿着弯曲的河岸不断地"屈曲"行进，而不掉入河水之中。③过君表。君表指褐缰旒[②]，褐缰旒是用粗毛或粗麻缠绕的赤色旗。以旒为门，要求驾车从容出入，不碰撞障碍物安全通过。④舞交衢。衢为道，交衢指纵横交互的十字大路，要求驾车在此车流中轻快地穿插而过。⑤逐禽左。指"御驱逆之车，逆驱禽兽，使左当，人君以射之"[③]，要求与禽兽同时向前奔跑的马车，急转180度弯逆向前进，且同时让前奔的禽兽亦拐180度弯回跑，并要把禽兽驱逐在车的左边，以供君子向回跑的禽兽射猎。可见，五种御法都有相当大的难度，而且一法比一法更难，愈后的御法其御术要求愈高。

（四）九数科目

九数，为古代数学的九种算法。《周礼注》认为：九数是方田、粟米、差分、少广、商功、均输、方程、赢不足、旁要。《周礼注疏》指出：九数者，皆依《九章算术》，《九章算术》把"差分"作"衰分"；没有"旁要"，而有"句（勾）股"。清代学者孙诒让提出：差分即衰分，旁要即句股，古今异名也。这似可以说明，《九章算术》在孔子时代已有初形。

①方田，古代算法之一。由边线的长短，计算各种形况的田地面积的方法。

---

①③《周礼注疏·地官》.

②《中文大辞典》.第206页.台北：中华文化研究院.1982.

②粟米，古代算法之一。古以粟为黍、稷、粱、秫的总称，今称粟为榖子，即去榖后称为小米。此处的粟为米之率，诸米不等，以粟为率（类似标准），故称粟米。包括论述按率（百分率）以粟求米，论述按率以甲物易乙物，亦包括论述以一定度量衡之甲物易一定度量衡之乙物而求相易之率等。

③差分，古代算法之一，亦作衰分。它以御贵贱禀税，即从大渐差而小。故名差分、衰分。

④少广，古代算法之一。是开方计算法的一种，为方田法的还原。因其截取纵的多余，以增补广的不足而得名。

⑤商功，古代算法之一。是测量体积，计算用工的方法，如以广阔高深求城、堤、河、渠之积，以用力难易求人工的多少等。

⑥均输，古代算法之一。以田地的多少、人户的上下，求赋税；以道路的远近、负载的轻重，求脚费；以物价的高低不一，求平均数等。

⑦方程，古代算法之一。呈矩形的排列称之为方，诸物间的关系即计算的程序则为程。求一物者则为一程，求二物者需再程，求三物者便是三程。诸程并列，悉成为方，故曰方程，其程数皆为物数。它相当于今之数学中的解多元一次方程组。

⑧赢不足，古代算法之一，又称"盈不足""盈肭"。计算盈亏的一种方法。它根据有余、不足的条件，求得隐难之数。如"今有（人）共买物，（每）人出八，盈三；（每）人出七，不足四，问：人数、物价各几何？答曰：七人，物价五十三"①。

⑨旁要，古代算法之一。即勾股，又称句股。以三角形的直角竖边为股，横边为勾（句），斜边为弦，勾方加股方等于弦方。

---

① 《九章算术》. 第8卷.

（五）教学成果

史载，孔子的私学培养弟子三千，通六艺者七十多人①。其中，佼佼者十位，统称"十哲"，分为四科：①德行，颜渊（即颜回）、闵子骞、冉伯牛（即冉耕）、仲弓（即冉雍）。②言语，宰我（即宰予）、子贡（即端木赐）。③政事，冉有（即冉求）、季路（即仲由、子路）。④文学，子游（即言偃）、子夏（即卜商）②。在十哲、七十多位高材生中，有偏重"文"的，如颜回、仲弓；有偏重"武"的，如子路；有文武双全的，如冉有，曾带领鲁国军队打退齐国的侵略③；有从商的，如"家累千金"的子贡（顺便说一下，孔子既不鄙商，也不避富），他是"子贡一出，存鲁，乱齐，破吴，强晋而霸越"的罕才④；也有"不仕大夫，不食污君之禄"⑤，一直过着隐居学者生活的闵子骞；有隐退修行、在鲁授业的子思（即孔伋、孔思，孔子之孙，曾子弟子，孟子之师）；有在西河讲学的子夏，成为晋魏法家之源，弟子李悝、吴起、商鞅成为法家⑥（顺便说一下，孔子既没有说过"学而优则仕"，又不主张他的弟子都从政则仕）。据《淮南子》记载，战国时期最重视科学技术的墨家也源出孔门，"墨子学儒者之业，受孔子之术"⑦，现代学者蒙文通、何新等也都这样认为⑧。笔者认为，孔子培养的人才之精、人才之众，可以用四个字"富可敌国"来表达。这是有权威的史料为证据的：鲁哀公六年（前489），孔子63岁，在外流离的第9年，此时游走于陈、蔡两国之际，楚昭王欲重用孔子，命使来聘，拟以书社地（指带有人户的地）七百里封孔子。但楚国令尹（楚国最高官职，掌军

---

① 《孔子家语·七十二弟子解》所列名单七十六人；《史记·孔子世家》为"七十有二人"；《史记·仲尼弟子列传》曰"七十有七人"。

② 《论语·先进》.

③ 匡亚明.《孔子评传》.第311页.济南：齐鲁书社.1985.

④⑤ 《史记·仲尼弟子列传》.

⑥ 何新.《孔子弟子论》.载《孔子年谱》.第246～265页.北京：时事出版社.2007.

⑦ 《淮南子·要略》.

⑧ 何新.《墨子源出孔门考》.载《孔子年谱》.第64～77页.北京：时事出版社.2007.

政大权）子西反对。子西对昭王曰：你有能使诸侯改变主意的子贡吗？
昭王说：没有。子西曰：你有能当相国的颜回吗？昭王说：没有。子西
曰：你有将帅之才的子路吗？昭王说：没有。子西曰：你有像宰予（即
宰我）这样的官员吗？昭王说：没有。子西曰：楚是周的封国，孔子述
尧舜之法，复周之业，楚国哪能有现在的数千里之大？文王、武王在的
时候，诸侯国都要听其号令。如孔子据楚国之土，又有一大批能干的弟
子辅佐，可不是楚国之福啊！于是，楚昭王停止了聘用孔子一事（"昭
王将以书社地七百里封孔子。楚令尹子西曰：'王之使使诸侯有如子贡
者乎？'曰：'无有。''王之辅相有如颜回者乎？'曰：'无有。''王
之将率有如子路者乎？'曰：'无有'。'王之官尹有如宰予者乎？'
曰：'无有'。'且楚之祖封于周，号为子男五十里。今孔丘述三王之
法，明周召之业，王若用之，则楚安得世世堂堂方数千里乎？夫文王在
丰，武王在镐，百里之君卒王天下。今孔丘得据土壤，贤弟子为佐，非
楚之福也。'昭王乃止"）①。孔子办私学能办成这么大的规模，十分
难得；培养那么多人才，更是难得。他之所以把学校办得如此成功，与
他的六艺教育科目密切相关，亦与他因课施教、因人施教等教学方法密
切相关，更是与他"多能""博学"，通"六艺"（礼、乐、射、御、
书、数样样精通或比较精通，《诗》《书》《礼》《乐》《易》《春秋》
则更是得心应手，并整理成文，成为中国2000多年文化的主脉），随
时能进行言传身教密切相关。所以，毛泽东称孔子为"中国第一个教育
家"②。笔者认为，孔子亦是中国历史上最为成功的教育家。据笔者统
计，司马迁在其名著《史记》中，除撰写《孔子世家》篇外，又专门撰
有《仲尼弟子列传》篇，这是《史记》50余篇列传中仅有的一篇弟子列
传，亦是二十五史中数以千计传记中仅有的一篇弟子传。

---

① 《史记·孔子世家》.
② 毛泽东.《会见外国代表团的谈话》.载许全兴.《为毛泽东辩护》.第344页.北京：当代中国出
版社.1996.

五、提出一整套学习理论

孔子在中国历史上最先提出一套较为系统完整的学习论。

（一）六不六蔽

孔子强调学习的重要性，提出"六不六蔽"："好仁不好学，其蔽也愚；好知不好学，其蔽也荡；好信不好学，其蔽也贼；好直不好学，其蔽也绞；好勇不好学，其蔽也乱；好刚不好学，其蔽也狂"[①]。其意是说：爱好仁德，但不爱学习、缺乏知识的人，会愚笨；聪明智慧，但不爱学习、缺乏知识的人，会放荡；注重诚信，但不爱学习、缺乏知识的人，会受骗；性格直率，但不爱学习、缺乏知识的人，会变得尖刻；勇敢无畏，但不爱学习、缺乏知识的人，会犯上作乱；刚强不阿，但不爱学习，缺乏知识的人，会变得狂妄自大。这里，孔子在中国历史上第一次深刻地论述了学习的重要性，剖析了仁与学（仁德与学习）、智与学（智慧与学习）、信与学（诚信与学习）、直与学（直率与学习）、勇与学（勇敢与学习）、刚与学（刚强与学习）六对矛盾，六对矛盾中共有的是学习知识。很清楚，孔子认为学习知识是仁、智、信、直、勇、刚的基础。没有这个基础，仁德、智慧、诚信、直率、勇敢、刚强这些美德或优秀品质，都会出问题，而且出的不是小问题，是愚笨、放荡、受骗、尖刻、狂妄、自大等大问题，乃至出现犯上作乱等原则性问题。在这么一点篇幅内，把仁、智、信、直、勇、刚与学习的关系说得这么透彻，在孔子之前没有过，在孔子之后亦是较为罕见的。

（二）我非生而知之者

孔子较为正确地指出了知识是怎么具有的。他说："我非生而知之

[①]《论语·阳货》.

者"①。又说："若圣与仁，则吾岂敢！抑为之不厌，诲人不倦，则可谓云尔已矣。"②孔子不但否认自己是圣人，而且一直否定自己是"生而知之者"。穷困出身因勤奋而成为大学问家的孔子，深深地明白他的学问不是上天赋予的，而是在实践中通过艰苦学习取得的。因此，他毕生注重学习，学而不厌，不知老之将至；毕生从事教育事业，实施"有教无类"方针③，只要愿意学习并交上学费者，孔子从来没有不教诲的（"自行束修以上，吾未尝无诲焉"④）。也是基于人是可以教育的，人的道德和知识是可以通过教育、学习而增长的，孔子收留"卞之野人"子路⑤、贱奴冉雍（即仲弓，家"无置锥之地"⑥），乃至收教"梁父之大盗"颜涿聚⑦，并把他们培养成才，包括原来素质较差的子路、冉雍成为著名的贤才，跻身于十哲之中。

（三）知之为知之，不知为不知

孔子进而提出一系列学习的原则，包括应有的学习态度。首先，他强调坚持"知之为知之，不知为不知"⑧实事求是的学习原则。这是一条大原则，没有"知之为知之，不知为不知"的精神，不可能努力求学，更不可能好学、乐学；没有"知之为知之，不知为不知"的精神，不可能学而不固（不固步自封），更不可能学而不厌、学而习之；没有"知之为知之，不知为不知"的精神，不可能不耻下问，更不可能每事问，闻一知十。同时，他指出在好学（"笃信好学"⑨）、乐学（"知之者不如好之者，好之者不如乐之者"⑩）的基础之上，要博学（"博

---

①②④《论语·述而》.

③《论语·卫灵公》.

⑤《史记·仲尼弟子列传》.

⑥《荀子·非十二子》.

⑦《吕氏春秋·尊师》.

⑧《论语·为政》.

⑨《论语·泰伯》.

⑩《论语·雍也》.

学于文"），具有不固步自封（"学则不固"①）的学习精神；要"学而不厌，发愤忘食，乐之忘忧，不知老之将至"②，具有"学如不及，犹恐失之"③的学习态度。

（四）不耻下问

孔子还提出一系列学习方法。包括：要多问，虚心向人求教，"三人行，必有我师焉"④"每事问"⑤"不耻下问"⑥；要"多闻"，并"择其善者而从之"⑦；要"多见而识之，知之次也"⑧，实践是第一位的，知识是第二位的，唯有实践才出真知；要学而思之，多思考，勤思考，"学而不思，则罔"⑨；要学而习之，多复习，勤温习，"学而时习之，不亦说乎"⑩；要"温故而知新"⑪，以达到"闻一以知二""闻一以知十"⑫。他主张在躬行实践之后有余力，一定要"学文"（"行有余力，则以学文"⑬），要钻研文献典籍，包括钻研《诗》《书》《礼》《乐》《易》《春秋》等。又深刻指出"文献不足故也"⑭，强调要实践，要"多能""多艺"，要通礼懂乐，会射能御，知书悉数。还要善于学习前人的知识，知识是一代一代传承，要具有不继承前人的知识，学问难以到家的精神（"不践迹，亦不入于室"⑮）。

在中国历史上，孔子最早把"学"与"习"紧密结合，说"学而时习之，不亦说（悦）乎"⑯（对学过的知识能时常温习实践，是非常愉悦的事），从而开始构成一个完整的学习过程。孔子本人即是一个"学习"的典范。他"十有五而志于学"，抓紧分秒时间用于学习，历史上

---

①⑩⑬⑯《论语·学而》.

②④⑦⑧《论语·述而》.

③《论语·泰伯》.

⑤⑭《论语·八佾》.

⑥⑫《论语·公冶长》.

⑨⑪《论语·为政》.

⑮《论语·先进》.

有知名的"孔子向郯子学习"的故事：鲁昭公十七年（前525），孔子
27岁，鲁国东南方附庸小国郯国的国君郯子来朝见鲁公。在宴会上，鲁
国大夫昭子问起少昊氏以鸟命官的情况，郯子作了详细回答。孔子听说
此事，便马上赶去拜见郯子，请教少昊氏时代职官制度的历史情况[①]。
"三十而立"后仍发愤学习，在齐国闻《韶》音，学之，"三月不知肉
味"[②]；时当中年，他"加我数年，五十以学《易》"[③]。及至晚年，
依然"发愤忘食，乐以忘忧，不知老之将至云尔"[④]。他"好学""乐
学"，又"博学"，学习"六经"，讲授"六经"，研究"六经"，整
理"六经"，成为"中国历史上第一个伟大的文献整理家"[⑤]；又重视
实践，重视技艺，成为鲁国内外都闻名的"博学""多能"之士。然
而，他依然谦虚好学。例如，他会种庄稼，但又实事求是地承认"吾不
如老农"；他也能种植蔬菜，但又实实在在地说"吾不如老圃"[⑥]。孔
子既是中国知识分子形成的标志，又是中国知识分子全面发展的典范。

当然，孔子的学习论不是很彻底的。在知识来源的问题，孔子的主
张是两元论的：一方面是前述的主张，主张"学知论"；另一方面，又
承认"生知论"。即认为世上存在有"生而知之"者，其知识和才能不
是来源于社会的客观实践，而是头脑中固有的。且把生而知之者列为上
等，学而知之者则是次等，遇到实际困难再去学习者是更次一等，遇到
困难不去学习者则为下等（"生而知之者，上也；学而知之者，次也；
困而学之，又其次也；困而不学，民斯为下矣"[⑦]）。即使这样，孔子
在约2500年前就能提出如此系统完整的、至今还有现实价值的学习论，
是难能可贵的，亦是他重视技艺、重视科学知识的具体体现。

---

① 《左传·昭公十七年》.
②③④ 《论语·述而》.
⑤ 匡亚明.《孔子评传》.第322～356页.济南：齐鲁书社.1985.
⑥ 《论语·子路》.
⑦ 《论语·季氏》.

六、对中国古代科技发展的推动

笔者无意把孔子说成是科学家，也不想把孔子描述为技术专家。然而，上述五个方面的事实足以证明：长期以来直至今天仍然把"贱器""鄙视科学技术""阻碍科学技术发展"等帽子加盖在孔子头上，是不符合事实的，是不公平的，是不客观的。笔者为此在本章中提出了系统的全面的异议。笔者还认为，只要不抱任何成见，秉持客观公正的态度，了解上述事实以后，必然会看到孔子对中国古代科学技术的发展有过多方面的推动和促进，而不是阻碍。笔者经过初步梳理，认为孔子在以下几个方面有所推动和促进。

一、一系列富有科技知识含量的哲理性名言整整影响中国约2500年。例如，"工欲善其事，必先利其器""朽木不可雕，粪土之墙不可杇""逝者如斯夫，不舍昼夜""岁寒，然后知松柏之后凋也""四时行焉，百物生焉"等。其中的科技知识及其反映的利器论、质量观、自然观，从春秋末开始一直给无数的人士以潜移默化的影响，一直持续至今，且将世世代代地影响下去。

二、孔子整理的《诗经》及其提出的"多识于鸟兽草木"号召，不但促进了中国动植物知识和自然知识的普及，而且推动了中国古代博物学、古代生物学的研究和发展。明末清初学者顾炎武指出："三代以上，人人皆知天文。七月流火，农夫之辞也。三星在天，妇人之语也。月离于毕，戍卒之作也。龙尾伏晨，童之谣也"[1]。顾氏说的4项天文知识，其中3项出自《诗经》：①"七月流火"，出自《诗经·豳风·七月》篇，豳历七月相当农历九月、公历8月，这是收获庄稼的季节，故成为"农夫之辞"。②"三星在天"，出自《诗经·唐风·绸缪》篇，"三星在天"象征着家庭团圆的美好日子，因而成为"妇人之语"。③"月离于毕"，出自《诗经·小雅·渐渐之石》篇，是指月亮转动接

---

① (明末清初) 顾炎武.《日知录》.第30卷.上海：商务印书馆.1930.

近毕星时必下滂沱大雨，影响行军，故成为士兵最为关心的事情之一（"戍卒之作"）。夏、商、周（西周）三代，天文知识是否像顾氏说的那么普及，笔者不敢妄论。但是，在春秋晚期、战国时代，天文知识如顾氏所说的那样普及，笔者是相信的，犹如"六经"是两汉的普及读本、"四书"是明清的普及读本。孔子编修的《春秋》中对天象超高水平的记录，是得益于这种普及。在孔子的倡导下，当时确有"不学《诗》，无以言"①的气氛，如《论语》引《诗经》诗句21处，《左传》引《诗经》诗句251次，《国语》引《诗经》诗句32言②。由于孔子的提倡，成书于秦汉之间的《尔雅》，现存19篇中至少有13篇（《释天》《释地》《释丘》《释山》《释水》《释草》《释木》《释虫》《释鱼》《释鸟》《释兽》《释畜》以及《释宫》）是自然和科技篇，且形成以自然发生为序的演化系统；其中的动植物，则由《诗经》的约252种增为590多种③。

三国时，吴人陆玑响应孔子的"多识于鸟兽草木"的号召，著成《毛诗草木鸟兽虫鱼疏》，这是中国第一部生物学著作；而且，"自陆玑以下，诠释名物者（注：诠释鸟兽草木等物）毋虑数十家"④，成为中国古代博物学、古代生物学的重要支柱。亦是由于孔子的这个提倡，中国历代文人雅士几乎没有一个不重视草木虫鸟的。

三、孔子编修的《春秋》开创了中国全面系统地记述自然灾异的历史。以后，二十五史等史学著作，地方志等无不较为系统地记载自然灾异。诚如东汉学者班固所言，在《汉书》增设专记自然灾异的《五行志》是为了"以传《春秋》"。正是这种各朝各代全面系统地记载自然灾异的传统，使当代中国具有了世界上唯一的、类型多样的、系列长

①《论语·季氏》.
②蔡尚思.《孔子思想体系》.第121页.上海：上海人民出版社.1982（其中《论语》记《诗经》21处是笔者统计数，蔡书据钱玄同在《古史辨》第二册《答顾颉刚先生书》一文统计为18处）.
③孙关龙.《世界上现知最早的科学分类著作——〈尔雅〉》,载《澳门研究》第39卷（2007年4月）.
④孙关龙.《〈诗经〉草木虫鸟研究回顾——兼论〈诗经〉草木虫鸟文化观》.载《学习与探讨》2000年第1期.

的、连续性好的、地域覆盖广阔的自然史料信息宝库。这个宝库，在现代能"用来复原自然史，探索自然史规律，以服务于全球变化研究、自然灾害预测和国民经济远景规则的自然背景评估"①。而且，这些史料自20世纪50年代以来，已在156项国民经济基本建设工程项目的选址、工程抗震系数的确定，黄河小浪底工程大坝高程设计，长江三峡工程大坝高程设计，天文无线电学的创立，历史气候学的创立，历史水文学的创立，以及太阳活动规律的探索、全球气候变化研究等领域和方面都发挥了无可替代的巨大作用②，并将持续地发挥下去。

四、孔子创立的较为系统的学习论，2500年来广泛深刻地影响着中国社会和各个阶层的民众。孔子弟子继承老师的旨意，把《学而》篇作为《论语》的开宗篇，把孔子的"学而时习之，不亦说（悦）乎"作为首篇首章首句。儒家经典《礼记》最先出现"学习"一词③；并专门有《学记》篇。战国末杰出思想家、哲学家荀子集春秋战国哲学思想之大成，撰成《荀子》一书，其首篇仿效《论语》，是《劝学》篇；首篇首章首句是"君子曰：学不可以已"（学习不可以停止）……由此形成中国古人好学的传统。"好学成为中华民族文化传统中最突出的特点，这一点在全世界可能只有犹太民族能够同我们相比。但令人感叹的是，这一传统在今日的中国似乎没有得到很好的发扬"④。孔子提出的"知之为知之，不知为不知""学而不厌，诲人不倦""发愤忘食，乐以忘忧，不知老之将至""学而时习之，不亦说乎""温故而知新""学而不思，则罔；思而不学，则殆""三人行，必有我师"等主张，成为中国一切读书人的格言，有力地促进了包括科学技术在内的知识的发展和普及。笔者认为，在孔子殁后即公元前5世纪至公元16世纪中国传统科

---

① 宋正海.孙关龙主编.《中国传统文化与现代科学技术》.代序.杭州：浙江教育出版社.1999.
② 宋正海.孙关龙主编.《中国传统文化与现代科学技术》.第178～249页.杭州：浙江教育出版社.1999.
③ 《礼记·月令》.
④ 郭齐勇.《析字句义理，求正本清源——〈论语新诠〉读后》.载《光明日报》2016年7月12日.

学技术能长期居于世界前列①，是与孔子提出的学习论广泛而深入的影响密切相关的。

孔子能提出包括"利器论"等在内的一系列富含科技知识的哲理性名言；能最先提出"多识于鸟兽草木"；能编修《春秋》，开创中国和世界全面系统地记述自然灾异的历史；能开展"礼、乐、射、御、书、数"，即富含科学技术知识和技能的"六艺"教育，成为迄今所知中国全面教授科学文化知识和技能的第一人；能最早把"学"与"习"紧密相连，构成一个完整的学习过程，并提出一套较为系统、完整的学习论；而他自己也确是"多能""博学"之人……这一切说明：孔子并不鄙视科学技术，他的学说也没有阻碍中国科学技术的发展。长期侨居美国、病逝于香港的中国现代文学家、语言学家林语堂全面总结孔子学说，认为它具有四个特点：一是进取性；二是思想性，具有一整套理论的思想体系；三是知识性，提倡学知识；四是包容性②。可见，当时的孔子学说与西汉及其以后"独尊"的、"罢黜百家"的儒学是很不相同的。而且，林语堂总结的孔子学说的这四个特点中的任何一个，都是能促进科学技术发展的，而不是阻碍科学技术的发展。

---

① 孙关龙.宋正海《中国传统文化的瑰宝——自然国学》.总序.深圳：海天出版社.2012.
② 姚佳德.《林语堂论中国文化的结构》.载《光明日报》2008年10月6日.

第七章

尚 儉

敬天亲地、尊山乐水、善待生命、尊重技艺的原则，决定了孔子对自然的资源、生产的物品必然主张采取尚俭的方针：包括对国家、政府而言，孔子主张"政在节财"；对家庭、个人而言，孔子主张"谨身节用"；他气愤地指出：敛无时"暴也"，"苛政猛于虎"；他明确地提出"俭近仁"，尚俭是人类的美德，也符合保护自然、尊重自然的法则。本章就上述四个方面分四节进行叙述。

一、政在节财

"政在节财"，即要节流，是孔子治政主张的一条重要原则。

（一）对齐景公强调"政在节财"

据史载，齐景公曾多次就政事请教孔子，孔子先后回答："政在于节用"①，"政在节财"②。为什么这样说呢？孔子是这样解释的：齐景公在修建亭台水榭等园林方面十分奢侈，狩苑无度，追求五官享受从不懈怠；一个早晨，就三次赏大夫以百乘之家。所以，对齐景公而言要治理齐国、搞好政事，关键是"节用"或"节财"（"孔子曰：'齐景公奢于台榭，淫于苑囿，五官之乐不解，一旦而赐人百乘之家者三，故曰政在于节用'"③）。

---

① ③ 《说苑·政理》.
② 《史记·孔子世家》.

（二）在鲁国强调"富民""节用"

鲁哀公亦曾多次问政于孔子，孔子对曰：治政要使老百姓富足而长寿。哀公问曰：你说的是什么意思？孔子答曰：减轻赋税，百姓就会富足；没有苛政，百姓就不会犯罪；百姓富足又不犯罪，则长寿。哀公说：这样做，我就相当穷困了。孔子答说：《诗经》中说了，和善平易的君主犹如百姓的父母，从古以来没有见过儿子富足了而父母是贫穷的（"鲁哀公问政于孔子。孔子对曰：'政在使民富且寿。'哀公曰：'何谓也？'孔子曰：'薄赋敛民富，无事则远罪，远罪则民寿。'公曰：'若是，则寡人贫矣。'孔子曰：'《诗》云：恺悌君子，民之父母。未见其子富而父母贫者也'"[①])。孔子一再告诫其弟子：治理一国或一地，应该认真做事，坚守信用，节省开支，爱护百姓，百姓服役要顺应农时或不耽误农时（"道千乘之国，敬事而信，节用而爱人，使民以时"[②])。

（三）"政在节财"的典范

孔子每每颂扬黄帝、帝喾和尧、舜、禹等五帝三王，能顺应天地运行规则，"节用水火材物""取地之财而节用"[③]；称赞他们随遇而安，讲求节俭，穿着粗简的衣裳，宫室造得简陋，车辆不加雕饰，器物不予镂刻，食物不求兼味，与百姓同甘苦乐（昔之君主"即安其居，节丑其衣，卑其宫室，车不雕几，器不刻镂，食不贰味，以与民同利"[④]）。他对历史上的节用尚俭进行了较为深入的研究，指出以前圣明的君主规定：对经过关卡的人，只盘问而不征税；开放集市贸易，也不征税收；田税只收十分之一；使用民力服役，一年不超过三天；进入山、泽打猎和捕鱼，要有固定的时节，有守禁但不征税。上述六个方面

---

① 《说苑·政理》.
② 《论语·学而》.
③ 《大戴礼记·五帝德》.
④ 《礼记·哀公问》.

是取财的途径，圣明的君主会舍弃四个方面（关、市、山、泽）的收入，而节制两个方面（田税、民力）的收入。这一段话的原文是这样的："昔者，明主关讥（盘问）而不征，市廛而不税，税十取一，使民之力岁不过三日，入山泽以时，有禁而无征。此六者，取财之路也。明主舍其四者，而节其二者。"①并批评现在的君主，喜财不知满足，荒淫不知疲倦，好吃懒做，傲慢无礼，千方百计地豪取百姓，违逆众意侵伐他国，只图满足私欲，已到无所顾忌的地步（"今之君子，好实无厌，淫德不倦，荒怠傲慢，固民是尽，午其众以伐有道，求得当欲，不以其所"②）。孔子称赞齐国卿大夫晏子在酒席上清歌一首，反映冰天雪地下兴建高台役民的苦难，制止了齐景公的这个奢侈工程③；称赞楚国令尹子西谏于十里之外，利于百世的行动，劝阻了楚昭王去荆台奢玩的举动，并答应子西的建议，死后在荆台修建自己的陵墓，以阻止以后各个楚王奢游荆台之举④。

由上可见，孔子不仅是针对齐景公这样的奢侈之君提出"政在节财"，而且是普遍地主张"政在节财"，它是治理一国或一地的良策。

二、谨身节用

在孔子看来，对自然，对社会"谨身节用"（谨慎处世，节用财物），是人的一种美德，也是仁礼的一个重要内容。

（一）"谨身节用"是仁礼的一个重要内容

孔子说：遵循天道运行的规律，分取土地的各种资源，谨慎处世，节用财物，以供父母，这是普通民众的孝道（"用天之道，分地之利，

① 《大戴礼记·主言》.
② 《礼记·哀公问》.
③ 《晏子春秋·内篇》.
④ 《说苑·正谏》.

谨身节用，以养父母，此庶人之孝也"①）。

一次，弟子子路对孔子说：贫穷，真让人伤心！对父母，生前没有东西奉养，死后又没有能力为他们办丧事（"伤哉，贫也！生无以为养，死无以为礼也"②）。孔子则说：即使穷得只能喝豆粥，饮清汤，只要能让父母欢欣，这就是孝。父母死后其衣衾仅能裹遮手脚，入殓便下葬，又没有外棺，但只要与家中的财力相称，这便是礼也！（"啜菽，饮水，尽其欢，斯之谓孝。敛手足形，还葬而无椁，称其财，斯之谓礼"）③。

又一次，弟子子游请教丧葬用的器具，孔子答：要与家中的财力相称。子游进一步问：贫富各不相同，有什么标准？孔子答：富有的，不要越礼厚葬；贫穷的，只要衣服能遮住尸体，然后立即下葬，用绳子将棺材悬下墓穴，难道会有人责备他失礼吗？（"子游问丧具。夫子曰：'称家之有亡。'子游曰：'有亡恶乎齐？'夫子曰：'有，毋过礼；苟亡矣，敛首足形，还葬，县棺而封，人岂有非之者哉？"④）。

鲁国人林放曾问孔子，礼的根本是什么？孔子说：这是一个大问题！就一般礼仪说，与其过分铺张奢侈，宁可朴素俭约；对丧礼，与其过分操办，宁可多一些哀戚（"林放问礼之本。子曰：'大哉问！礼，与其奢也，宁俭；丧，与其易也，宁戚'"⑤）。

在寓居宋国时，孔子见宋国司马桓魋为自己建造死后的石椁（石质外棺），花了三年时间还没有建成，工匠都累出了病。孔子气愤而忧虑地说：这样的侈靡，还不如死了快点腐烂的好（"孔子在宋，见桓魋自为石椁，三年而不成，工匠皆病。夫子愀然曰：'若是其靡也！死不如速朽之愈'"⑥⑦）。

---

① 《孝经》.
②③ 《礼记·檀弓下》.
④ 《礼记·檀弓上》.
⑤ 《论语·八佾》.
⑥ 《孔子家语·曲礼子贡问》.
⑦ 《礼记·檀弓上》、《汉书》第36卷、《后汉书》第39卷有类似记载.

孔子还提出：祭祀时要使用下等牲畜（"祀以下牲"[①]）；礼帽如用麻料来织（因麻质较粗，必须纺织得非常细，很费功夫），虽是合乎传统礼节的，但如今大家都用丝织（丝质较细，容易织成礼帽），能省俭时间和人力，我愿意随从大众的做法（"麻冕，礼也；今也纯，俭，吾从众"[②]）。

（二）孔子努力实践谨身节用

孔子对人、对社会提出谨身节用，自己也努力实践谨身节用。

1. 反对厚葬

孔子家养的看门狗死了。他叫子贡去埋葬，并讲：我听说，破旧的帷帐不要扔掉，可以用来埋马；破旧的车盖不要扔掉，可以用来埋狗。我孔丘家穷，没有车盖，在狗下葬时就给一张席子，避免它的头直接埋在土中（"仲尼之畜狗死。使子贡埋之，曰：'吾闻之也，敝帷不弃，为埋马也；敝盖不弃，为埋狗也。丘也贫，无盖，于其封也亦予之席，毋使其首陷焉'"[③]）。这既表明孔子实践自己尚俭的主张，又说明他对狗的生命的尊重，不让其头直接埋在土中。

得悉最为得意的弟子、十贤之首、一生贫寒的颜回死去，孔子哭得很伤心（"颜渊死，子哭之恸"[④]）。回父颜路（亦为孔子弟子）因家贫，请求孔子卖掉车子来为颜回的棺材做一个外椁，孔子没有答应说：不管有才能或者无才能，总是自己的儿子。我儿子鲤死了，也只有内棺，没有外椁（"颜路请子之车以为之椁，子曰：'才不才，亦各言其子也。鲤也死，有棺而无椁'"[⑤]）。孔子的学生想厚葬颜回，孔子也不同意。学生背着孔子对颜回实行了厚葬，孔子感慨地说：颜回啊！你视

---

① 《礼记·杂记下》.
② 《论语·子罕》.
③ 《礼记·檀弓下》.
④⑤ 《论语·先进》.

我为父亲，我却不能像对待自己儿子一样对待你，厚葬不是我的主意，是你的几个同学厚葬的（"颜渊死，门人欲厚葬之。子曰：'不可'。门人厚葬之。子曰：'回也，视予犹父也；予不得视犹子也。非我也，夫二三子也'"①）。

有一次孔子病危，弟子们准备厚葬。事后孔子表示坚决反对，说：这是欺天的行为！给我选一个不毛之地埋了即可，不建陵园，不树墓碑，唯有荆棘丛生的荒地是我安生的乐土（"是以夫子病笃，门人欲厚葬之。孔子闻曰：'吾其欺天乎！当选不毛之地，不封不树，唯棘唯乐'"②）。

2.清素好俭

当时，孔子的节俭在鲁国也是有口皆碑的。有一次弟子宰予奉孔子之命，到楚国拜见楚昭王。"楚昭王以安车象饰，因宰予以遗孔子焉"③（楚昭王赠了一辆由象牙雕饰的老年人专车，请宰予带给孔子）。宰予便对楚昭王说："自臣侍从夫子以来，窃见其言不离道，动不违仁，贵义尚德，清素好俭，仕而有禄不以为积"；"车器不雕，马不食粟。道行则乐其治，不行则乐其身。此所以为夫子也"④（自从我跟从、服侍老师孔子以来，见他说话不离其道，行动不违仁礼，重视道义和品德，喜欢清淡素食，一生俭约节用，当官时有俸禄也从不积财；他所用的马车与物品从不雕饰，马匹不喂小米。他主张的一套仁道被采纳，便高兴地为国家服务；他主张的一套仁道未被采纳，就用它来严格要求自己。这就是我们的孔老夫子）。

---

① 《论语·先进》.
② 《广弘明集》.第13卷下.
③④ 《孔丛子》.上卷.

三、敛无时，暴也

孔子竭力反对重赋重役，54岁时（鲁定公十二年，即公元前498年）出任鲁国大司寇（相当于今公安司法部长），行摄相事（主持全面工作），发现百姓的赋税太重，气愤地说：现在，庄稼等作物的生长是有时节的，而赋税却不时地征收，没有时间的限制，这是暴政（"今生也有时，敛也无时，暴也"[①]）。

在国外流离14年回鲁国后，执掌鲁国大权的季康子想按田亩增收税赋，派其管家、孔子的弟子冉有去征询孔子意见。孔子没有回答，但私下对冉有说：你没有听说吗？先王确定的土地制度，是根据各户的劳力征税，并按田地的远近来平衡田税；根据各户的人力情况收取营业税，并按收入的多少加以调节；根据家中丁男的多少分配徭役，再考虑老幼的情况制订免役的标准。对鳏夫、寡妇、孤儿、残疾人等，仅在需要交纳战时税时向他们征税，其余都是免税的。一年中每一井田（一井为九夫，一夫受田百亩）的收成，大致交纳640斛（相当于一稷）小米、160斗（相当于一秉）牲畜吃的草料、16斗（相当于一缶）稻米，一般都不能超过这个数。先王认为这已经是足够的了。季孙大人想守法，请按周公留下的上述籍田法征税；如果想犯法，随意增加田赋，又何必来征询我的意见？（"季康子欲以田赋，使冉有访诸仲尼。仲尼不对，私于冉有曰：'求来！女不闻乎？先王制土，籍田以力，而砥其远迩；赋里以人，而量其有无；任力以夫，而议其老幼，于是乎有鳏、寡、孤、疾，有军旅之出则征之，无则已。其岁，收田一井，出稯[zōng]禾、秉刍、缶[fou]米，不是过也。先王以为足。若子季孙欲其法也，则有周公之籍矣；若欲犯法，则苟而赋，又何访焉'"[②③]）。孔子要求冉有去向季康子传达要实行轻赋节用的政策。然而，冉有未能改变季康子的主意，百

---

① 《荀子·宥坐》.
② 《国语·鲁语下》.
③ 《左传·哀公十一年》有类似记载.

姓的赋税不但没有减少，反而比过去增加了一倍。孔子为此气愤地说：冉求（即冉有）不再是我的学生，弟子们可以大张旗鼓地声讨他（"求也为季氏宰，无能改于其德，而赋粟倍他日。孔子曰：'求非我徒也，小子鸣鼓而攻之，可也'"①②）。

孔子还在泰山旁，面对妇人的哭诉，叮嘱他的子弟们记住，"苛政暴吏甚于虎"③④。（详见第六章第二节）

孔子希望国家对百姓多有帮助、少征或不征税赋，让天下百姓平安幸福（"耕者，助而不税，则天下之农皆悦"⑤）。并说：社会贫富不均，是一国之君的最大心患。有令不行，是每个官员的最大失职。收十征一税；一年中征用民力服劳役的时间不超过三天；进山、入泽开禁有时，但不征赋税；过关只盘问，也不征税收；开放集市贸易，而无税赋。这才是国家的生财之道（"政之不平，君之患也。令之不行，臣之罪也。若乃十一而税，用民之力岁不过三日。入山泽以其时而无征，关讥市鄽皆不收赋。此则生财之路"⑥⑦）。

四、俭近仁

孔子说：恭敬即是礼，节俭即是仁，诚信即为义。以庄敬谦让的态度去实施这三个方面，即使有过失也不会严重。恭敬可减少过失，情义能获取信任，节俭有助于洁身立世。能够这样做的人，在事业上不成功的很罕见（"恭近礼，俭近仁，信近情。敬让以行，此虽有过，其不甚

---

① 《孟子·离娄上》.
② 《论语·先进》有类似记载.
③ 《论衡·遭虎》.
④ 《孔子家语·正论解》《礼记·檀弓下》《文选》第21卷等有类似记载.
⑤ 《太平御览》.第627卷.
⑥ 《孔子家语·王言解》.
⑦ 《大戴礼记·主言》有类似记载.

矣。夫恭寡过，情可信，俭易容也。以此失之者，不亦鲜乎"①）。在这里，孔子把节俭上升到理论的高度，指出它是孔子仁爱自然观的重要组成部分；指出它的功能，"易容也"，即能洁身立世，且"以此失之者……鲜乎"，即做到了节俭，能洁身立世者，很少有做不好工作的，或说事业上失败的。

在孔子眼中：节俭，对一个国家而言即是实行仁政，具体说则实施薄赋轻税，"助而不税"，让利于民，藏富于民；对个人、家庭而言即是对物实行仁爱，具体说要珍惜每一个自然之物、人造之物，节俭消耗。这不但节省了社会财富、自然资源，又能洁身立世，不会腐化，不会堕落。所以，孔子说能让万物茂生，而又时时能节用俭约者，是圣人也（"物备兴而时用常节，曰圣人"②）；又说上天施仁，大地生财，人类兴治，乐而有治从不厌倦，又能按时节节制用财，则是圣人治理的天下（"天作仁，地作富，人作治，乐治不倦，财富时节，是故圣人嗣则治"③）。

孔子称颂不让多余财物任意浪费的渔夫，为"圣人"。那时，孔子流离国外来到楚国，有一天一位渔夫慕名前来献鱼，态度十分坚决。孔子开始不接受。渔夫说：天气暑热，又远离集市，卖不出去，本打算丢掉它，后来一想还不如献给你这样的君子。孔子随后拜了两拜，欣然接受，并让学生打扫住地，准备祭拜。学生奇怪地问：人家要丢弃的鱼，现在你却要隆重祭拜，为什么？孔子说：我听说，能够致力于施舍而不让多余财物腐烂的人，即是圣人。现在，我接受了圣人的赐予，怎么能不祭拜呢？（"孔子之楚，有渔者献鱼甚强，孔子不受。献鱼者曰：'天暑市远，卖之不售，思欲弃之，不若献之君子。'孔子再拜受，使弟子扫除，将祭之。弟子曰：'夫人将弃之，今夫子将祭之，何也？'孔子曰：'吾闻之，务施而不腐余财者，圣人也。今受圣人之赐，可无祭乎？'"④）

①《礼记·表记》.
②③《大戴礼记·诰志》.
④《说苑·贵德》.

孔子还认为：即使富了，个人富了，家庭富了，乃至整个国家富强了，也还是要节俭，而且应该做到愈"富而愈俭"（"周公其盛乎，身贵而愈恭，家富而愈俭，胜敌而愈戒"[①]）。他一再告诫人们，真正的儒者一定要俭朴守节，说：儒者不以金玉为宝，而以忠信为宝；不希求田产，而把道义当作田产；不企求多积财富，而把知识当作财富。身处太平之世，能自重有为；身处混乱之世，则厉节自守。即使仅有一亩见方（形容很小）的住宅，四壁低矮，以蓬草编门，穿墙而成窗户，家中仅有一套像样点的衣服以替换出门，一天的饭食分作两天吃，也不去拍马谄媚。儒者不因贫困窘迫而失志，不因富贵优裕而失节；即便送金玉财宝与他，以吃喝玩乐腐蚀他，他也不会见利而失节（"儒有不宝金玉，而忠信以为宝；不祈土地，立义以为土地；不祈多积，多文以为富"，"世治不轻，世乱不沮"，"有一亩之宫，环堵之室，筚门圭窬，蓬户瓮牖，易衣而出，并日而食"，也"不敢以谄"。他"不陨获于贫贱，不充诎于富贵"，即使"委之以货财，淹之以乐好，见利不亏其义"[②③]）。

---

① 《荀子·儒效》.
② 《礼记·儒行》.
③ 《孔子家语·儒行解》.

第八章

把仁爱推广到自然界

孔子不仅提出"仁""孝"等一系列概念①，创立仁学，而且他把仁爱、孝悌等概念从人文界推广到自然界，或者说把仁爱、孝悌概念从思想、道德领域推广到自然、生态领域。

他在中国文化史上、哲学史上，最先提出"吾思夫质素"②（我认为自然本质是最纯朴的、最完美的）的命题。破天荒地指出：开蛰不杀，方长不折，"仁也"③；断一树，杀一兽，不按时节，"非孝也"④等。总结提出要"既知一时之权，又知百世之利"的原则。高扬"大道之行也，天下为公……人不独亲其亲，不独子其子"的旗帜，倡导要让天下的人"皆有所养"⑤，同时要让天下所有的生物"各有以生"⑥"各乐其性"⑦。本章即按上述4个方面，分4节加以阐述。

一、吾思夫质素

孔子很少占卦，他也不信卦。有一次他占得"贲（bì）"卦（《周易》中的卦名）后，仰起头喟然长叹，心中颇有不平。弟子子张（姓颛孙，名师）向前，举手发问：我听说"贲"是吉卦，老师却为它叹息，

---

① 林乐昌.《张载对中国古代思想文化的贡献》.载《光明日报》2016年5月12日.

② 《说苑·反质》.

③ 《大戴礼记·卫将军文子》.

④ 《礼记·祭义》.

⑤ 《礼记·礼运》.

⑥ 《大戴礼记·易本命》.

⑦ 《韩诗外传》第7卷.

为什么？孔子答："贲"，非本色也，故以叹之。我认为自然本质是最纯朴的、最完美的，白色当为自然白，黑色当为自然黑，贲饰能算什么呢？我又听说，丹漆（彩漆）不用文采，白玉不用雕琢，珠宝不用整饰。为什么呢？自然本质是最为完美的，不需要任何雕饰（"孔子卦得'贲'，喟然仰而叹息，意不平。子张进，举手而问曰：'师闻贲者吉卦，而叹之乎？'孔子曰：'贲，非正色也，是以叹之。吾思夫质素，白当正白，黑当正黑，夫贲又何也？吾亦闻之，丹漆不文，白玉不雕，宝珠不饰，何也？质有余者，不受饰也'①）。

在孔子流离国外时，一次孔子请十贤之一的弟子宰予代表他出使楚国，楚昭王赠送一辆由象牙装饰的高级车辆（当时一种专供七十岁以上政要坐的安有座位的很安全的车辆，命为"安车"），请宰予带给孔子。宰予表示：孔子不会接受该种礼物的，并说孔子清素好俭，从不积聚财富，所用车辆、器物也从不雕饰②。（详见第七章第二节）

正是出于"吾思夫质素""质有余者"（自然本质是最纯朴、最完美的），所以孔子敬天尊地，崇颂山川，赞美生命。他称颂上天，"唯天为大"，天高有德，天道为仁，养育万物（见第一章）。他赞扬大地，"宏其志而无不容"③，地厚有德，有山有水，生育万物（见第二章）。他颂扬山川，高山，仰止；大川，美哉。高山，出产财物，四方取用，连通天地，和谐阴阳（见第四章）。水，哺育生命；波涛汹涌，没有穷尽；声势浩荡，无所畏惧；柔软细滑，无微不达；平如明镜，公平公正；冲洗他物，洁净明亮（见第三章）。他赞美生命，"兰生于深林，非以无人而不芳"④；"岁寒，然后知松柏之后凋也"⑤；"山梁雌雉，时哉！时哉！"⑥（山梁上的野母鸡，也懂得时宜呀）；"马跗斩而

---

① 《说苑·反质》.
② 《孔丛子》.上卷.
③ 《孔子家语·困誓》.
④ 《荀子·宥坐》.
⑤ 《论语·子罕》.
⑥ 《论语·乡党》.

复行"①（多足虫的脚被弄断了一些，还能继续前进）；"苟本正，则华英必得其节以秀孚矣"②③（如果树的根、干没问题，那么花朵、果实一定能够按时节开放、结果）。孔子赞赏向日葵能用葵保护自己的根部（"葵犹能卫其足"④），表扬"蟹"与"蛩蛩""巨虚"这些兽类动物具有相互利用、互相报答的行为（"夫禽兽昆虫犹知比假而相有报也"⑤），还引用小孩的歌谣，赞扬水生生物萍实，其大如斗，红艳如日，剖开一吃，甘美如蜜（"异时小儿谣曰：'楚王渡江得萍实，大如斗，赤如日，剖而食之，美如蜜'"⑥）。可见，孔子赞美的生命，有植物，有动物；有陆生的，有水生的；有小至昆虫，大如松柏的……在孔子眼中，一切有生命的，都是美的，都值得赞扬，因为它们是"质有余者"（自然本质是最纯朴的、最完美的）。

也是出于"吾思夫质素""质有余者"，孔子把仁爱、孝悌等概念从人文界推广到自然界。

二、开蛰不杀，方长不折，仁也

珍惜生命，保护动植物，是中国先祖的一贯做法，是一笔宝贵的历史财富，早在孔子之前已形成传统。孔子继承光大这一传统，并把这个传统纳入他创立的仁学系统，从而把仁爱观从人文领域推广到自然领域。

---

① 《说苑·杂言》.
② 《大戴礼记·少闲》.
③ 《汉书·郊祀志》《说苑·建本》篇等有类似记载.
④ 《左传·成公十七年》.
⑤ 《说苑·复恩》.
⑥ 《说苑·辨物》.

（一）孔子之前保护动植物的传统

据史籍记载，中国古代与当今环境保护部机构相当的最早组织，称为"虞"①。"虞"，既是组织机构名，又是官职名，其职责比当今的环保部还要大，负责全国的山林、川泽、草木、鸟兽的保护和治理工作。尧帝把帝位禅让于舜，舜帝下设"九官"，即九个中央工作部门。其中一个部门即是"虞"。当时的虞官名叫伯益，他是由各部落首领公推后由舜帝任命的②③。这大约是公元前22世纪的事，它不但是现知中国最早的环境管理和保护机构，也是现知世界上最早的环境管理和保护机构。

现知中国最早的与环境保护工作相关的禁令，是上古时代夏禹执政时曾颁布的一条禁令："春三月，山林不登斧，以成草木之长。夏三月，川泽不入网罟，以成鱼鳖之长。"④大意是说：春天三个月中，正是草木复苏、生长的季节，不准上山用斧砍伐。夏季三月，正是鱼鳖繁殖和生长的季节，不准用网罟在河湖中捕捞。这约是公元前21世纪的事。

公元前12世纪末期至公元前11世纪前期，周文王攻打崇国（商朝晚期的一个小国）时曾发布《伐崇令》，里面有这样的规定："毋坏屋，毋填井，毋伐树木，毋动六畜，有不如令者，死无赦。"⑤即要求军队不得损坏百姓房屋，不得填埋水井，不得砍伐树木，不得损害六畜，违反军令者"死无赦"。这是现知中国最早保护房屋、水源、植物、动物的军令状。

春秋前期，齐桓公执政时齐国成为春秋第一霸，这也与当时重视环境保护工作有关。那时，辅助齐桓公称霸的大臣管仲任上卿（主持军政日常工作，相当于后来的宰相），他提出一系列环保治国的主张，记载

---

① （清）黄本骥.《历代职官表》.
② （西汉）.司马迁.《史记·五帝本纪》.
③ 《尚书·尧典》.
④ 《逸周书·大聚》.
⑤ 《说苑·指武》.

在战国时代成书的《管子》等书籍中。管仲十分明确地提出：不重视环境保护工作的君主（"为人君，而不能谨守其山林菹泽草莱"），"不可以立为天下王"[①]；认识到："地者，万物之本源，诸生之根苑也"[②]，"山林虽广，草木虽美，禁发必有时"[③]，"春政不禁，则百长不生；夏政不禁，则五谷不成"[④]。因此，他根据春夏秋冬四季不同的条件，提出有关环保工作的"四禁"（春禁、夏禁、秋禁、冬禁）要求。例如，"春禁"要求，"无割大陵、倮大衍、伐大木、斩大山、行大火、诛大臣、收谷赋"[⑤]。即在春天要求做到七"无"：不能（无）开挖丘陵，不能（无）焚烧沼泽，不能（无）砍伐大树，不能（无）开凿大山，不能（无）任意烧山、烧庄稼，不能（无）诛杀大臣，不能（无）征收谷赋。这里，管仲不仅提出保护环境和动植物的一系列要求，还涉及民生、政务等事项，可见其治国理念的科学、先进。对违背环保要求者，齐国当时也制订有惩治条款，如"有动封山者，罪死而不赦。有犯令者，左足入，左足断；右足入，右足断"[⑥]。即规定破坏封山行为者是死罪，且不能赦免；有犯禁令者，左脚进砍断左足，右脚进砍断右足。可见，其惩罚的力度之大。

（二）孔子的继承和发展

1. 肯定先人的"顺安万物"是圣道

孔子说：我从《诗经》的《甘棠》一诗[⑦]，看到我们的先人对祖先的敬重。思其人（召公），必爱他种植的树（甘棠）；尊敬他，也必敬重他的职位；顺安万物，是深入人心的古人之圣道（"吾于《甘棠》见宗庙之敬也，甚矣！思其人，必爱其树；尊其人，必敬其位，顺安万

---

① 《管子·轻重》.
② 《管子·水地》.
③ 《管子·八观》.
④⑤ 《管子杂篇·七臣七主》.
⑥ 《管子·地数》
⑦ 《诗经·召南》.

物，古圣之道几哉！"①）

有一次，弟子宰我请教孔子：请问黄帝者何人？何以能有三百年？孔子答：黄帝顺应天地运行规则，教百姓按季节播种谷物，栽种果木蔬菜，把仁厚推及于鸟兽昆虫，划分日月星辰的位次，节用水火财物。他活着时，民众受惠一百年；他死后，民众敬畏他一百年；他的威严消失后，民众沿用他的教化一百年，故曰"黄帝三百年"②③。宰我又问颛顼帝、帝喾、帝尧、帝舜等先帝如何？孔子一一作了回答，肯定他们敦厚勤勉，顺应天时，敬畏上天，热爱民众，仁慈而又威严，取地之财而节之，人们无不敬服圣人之功绩④⑤。

2. 孔子把仁、孝推广到自然界

孔子首次明确指出："开蛰不杀，则天道也；方长不折，则恕也。恕则仁也"⑥（春天刚苏醒并开始活动的昆虫鸟兽，不杀死它，是合乎天道的；正在生长的青草树木，不折断它，是宽厚的表现，宽厚即是仁也）。孔子又首次明确指出："断一树，杀一兽，不以其时，非孝也"⑦（砍断一棵树，杀死一只鸟兽，如果不按时节，损害树木的生长、鸟兽的繁殖，都是不孝的表现）。

孔子的上述主张，与他赞扬昆虫的收缩是为了伸展生长，龙蛇的蛰伏潜藏是为了过冬以保存生命，这些生物的构造和行为精致义理达到神化的地步（"尺蠖之屈，以求信也；龙蛇之蛰，以存身也。精义入神"⑧），是相一致的。也与他进入弟子子路治理的卫国蒲城，一见环境优美，社会秩序安定，就大力表扬子路治政有方、百姓勤劳守纪，是相一致的，说：进入蒲境，见田地整齐，荒地得到开垦，这是子路办事

---

① 《说苑·贵德》.
②④ 《孔子家语·五帝德》.
③⑤ 《大戴礼记·五帝德》篇有类似记载.
⑥ 《大戴礼记·卫将军文子》.
⑦ 《礼记·祭义》.
⑧ 《周易·系辞下》.

严谨诚实、百姓尽力耕种的结果；进入蒲城，见城墙、民居高而齐整，树木茂盛，这是子路办事忠信宽厚、百姓勤劳认真的结果；进入公庭，见政事清闲，这是子路办案明察善断、百姓不生是非的结果（"子路治蒲三年，孔子过之，入其境而善之，曰：'……入其境，田畴甚易，草莱甚辟，此恭敬以信，故其民尽力。入其邑，墉屋甚尊，树木甚茂，此忠信以宽，故其民不偷。入其庭，甚闲，故其民不扰也'①②）。亦与他和弟子巫马旗根据亶父百姓夜里能自觉地不捕小鱼之事，肯定亶父（鲁国城邑）长官、另一位弟子宓子贱在此实施了德政，是相一致的。宓子贱在亶父治理三年，有一次巫马旗穿着粗布衣服和破旧皮外衣到亶父考察情况。他看见夜里捕鱼者，把捕到的一些鱼放回水中，奇怪地问，捕鱼是为了得鱼，你们把捕到的鱼放回去，为什么呢？捕鱼者答曰：宓子贱告诉我们不要捕捞小鱼，刚才放回去的全是小鱼。巫马旗回来报告孔子：宓子贱的德政到了极致，百姓在夜里无人监管下都能自觉地不捕小鱼，似有严刑时刻在身旁一样，请问宓子贱的德政为何如此有效？孔子答曰：我曾与宓子贱谈过，当官的首先要诚实践政令，那么政令定能在百姓中推行，宓子贱在亶父一定实行了这一德政（"宓子贱治亶父……三年，巫马旗短褐衣弊裘，而往观化于亶父，见夜渔者，得则舍之。巫马旗问焉，曰：'渔为得也，今子得而舍之，何也？'对曰：'宓子不欲人之取小鱼也，所舍者小鱼也。'巫马旗归，告孔子曰：'宓子之德至矣，使民暗行，若有严刑于旁。敢问宓子何以至于此？'孔子曰：'丘尝与之言曰：诚乎此者刑乎彼……宓子必行此术于亶父也'"③）。

这里，孔子于2500年前已把优美环境、保护动植物归入德政，按今天的话说计入政绩；也于2500年前，已天才地意识到动物亦有智慧；同时，他把是否尊重树木青草和昆虫鸟兽的生长规律，提高到仁义、孝

---

① 《韩诗外传》.第6卷.
② 《孔子家语·辩政》《艺文类聚》第52卷有类似记载.
③ 《吕氏春秋·审应览》.

悌的高度。也就是说：尊重自然、保护自然，是对自然的仁、对自然的孝；不尊重自然、不保护自然，则是对自然的不仁、不孝。从而，孔子把仁爱、孝悌推广到自然界，把对自然的仁爱纳入他的仁学范畴，既构建了孔子特色的"人天合一"的仁学，又为儒家的仁爱自然观奠定基础。

三、既知一时之权，又知百世之利

对草木鸟兽，孔子继承前人的传统，不仅提出要按时节进行砍伐捕获的原则，而且提出了要既知一时之权，又知百世之利的原则。

公元前632年，中原大地发生楚晋争霸的城濮之战。城濮，春秋卫地，在今河南陈留县附近，一说在今山西鄄城县西南①。齐桓公死后，齐国走下坡路，不能继续维持其霸业，南方大国楚日益强盛，中原各国鲁、宋、郑、陈、蔡、许、曹、卫等不得不与楚结盟，受楚的控制。同时，北方大国晋在文公治理下也强大起来，欲进入中原争霸。当年，楚晋两国在城濮对峙，晋军伪装败逃，诱楚军追击，然后一举击败楚军，主将子玉自杀。自此，中原各国纷纷离楚归晋，晋文公继齐桓公之后成为霸主②。据史书记载，晋文公战前曾召大臣咎犯，请他献计：楚国兵多，我国兵少，这仗怎么打？咎犯献策，说：我听说喜欢繁复礼节的君主，不厌文采；喜欢频繁打仗的君主，不厌狡诈。您可以施计以诈术战胜他们。文公把咎犯的话转告大臣雍季，也请他献计。雍季说：淘干了池塘抓鱼，怎么会抓不到鱼呢？可是，第二年就没鱼可抓。焚烧山林来捕猎，怎么会捕不到兽呢？可是，第二年就无兽可捕。欺诈作假的

① 魏嵩山主编.《中国历史地名大辞典》.第744页.广州.广东教育出版社.1995.
② 《中国大百科全书·中国历史》卷.第103页.北京：中国大百科全书出版社.1992.

战术，今天虽然可以行得通，以后不可能重复，这不是长久之计。文公采用咎犯的计谋，在城濮大败楚军。回师行赏时，雍季却居于首位。文公身边的官员劝谏说：城濮之战的大胜，取了咎犯的谋略，您用了他的计谋，对他的奖赏却不及别人，这似有不妥吧！文公说：雍季的主张，利在百代；咎犯的计谋，则只能用于一时。怎么能让一时之用置于百代之利之上呢？（"昔晋文公将与楚人战于城濮，召咎犯而问曰：'楚众我寡，奈何而可？'咎犯对曰：'臣闻繁礼之君，不足于文；繁战之君，不足于诈。君亦诈之而已。'文公以咎犯言告雍季。雍季曰：'竭泽而渔，岂不获得？而明年无鱼。焚薮而田，岂不获得？而明年无兽。诈伪之道，虽今偷可，后将无复，非长术也。'文公用咎犯之言而败楚人于城濮，反而为赏，雍季在上。左右谏曰：'城濮之功，咎犯之谋也。君用其言而赏后其身，或者不可乎？'文公曰：'雍季之言，百世之利也，咎犯之言，一时之务也。焉有以一时之务先百世之利者乎？'"①②）孔子听说这事后，赞曰：面临危难使用诈术，可以击退敌人；回来后尊重贤良，可以高扬善德。文公虽不能自始至终做到这一点，但也足以称霸天下（"孔子闻之，曰：'临难用诈，足以却敌；反而尊贤，足以报德。文公虽不终始，足以霸矣'"）③。孔子又称赞说过：晋文公的霸业，理所当然。他既知一时之宜的做法，又掌握百世之利的原则（"文公之霸也，宜哉！既知一时之权，又知百世之利"④）。

　　孔子一再指出，剖挖禽兽的胚胎，杀害禽兽的幼仔，则麒麟以后不可能光临；淘干了池泽的水去捕鱼，则蛟龙不可能再出现；破坏了巢穴和鸟卵，则凤凰不可能再飞来（"刳胎杀夭，则麒麟不至其郊；竭泽而渔，则蛟龙不处其渊；覆巢破卵，则凤凰不翔其邑"⑤⑥）。并进一步告诫人们，对焚烧山林捕狩、破坏巢穴和鸟卵的行为，鸟兽都非常厌

①③《吕氏春秋·孝行览》.

②④《韩非子·难一》有类似记载.

⑤《孔子家语·困誓》.

⑥《史记·孔子世家》《说苑·权谋》有类似记载.

恶，厌恶伤害它们的同类（"夫燔林而田……覆巢破卵……鸟兽尚恶伤类"①）。

孔子认为：只要源泉不枯竭，天下的财物即可积聚增长（"源泉不竭，故天下积也"②）。所以，他强调一切要顺应自然：太阳归落于西边，从东边升起；月亮落归于东边，从西边升起。虞、夏两朝的历法，以孟春为正月（称为"正建"），此时坚冰消融，蛰虫开始出洞，百草开始发芽，野鸡按时鸣叫，万物应东方的春气而生长，岁星（即木星）亦出于东方，顺应春、夏、秋、冬的四季变化，到冬天结束。届时鸡鸣三遍，天便亮了。一年起于青色的春天，经过十二个月，于丑月结束（"日归于西，起明于东；月归于东，起明于西。虞夏之历，正建于孟春，于时冰泮，发蛰，百草权舆，瑞雉无释，物乃岁俱生于东。以顺四时，卒于冬分。于时鸡三号，卒明。载于青色，抚十二月节，卒于丑"③）。

四、大道之行，天下为公

有一次，孔子在蜡祭（蜡，zhɑ；蜡祭指当时国君在年终举行的祭祀）中担任陪宾，事完毕后登上门楼的高台，发出长长的叹息。弟子言偃（即子游）在旁边问道：先生感叹什么？孔子说：大道施行的时代，天下公有……人们不只是亲自己的亲人，不只是爱自己的子女，而且老年人都有归宿，成年人都有事做，幼年人都能健康成长，鳏夫、寡妇、孤儿、孤独老人、残者、病人都能得到供养，计谋无法产生，盗窃、谋反、害人之事都不会发生，每户人家的大门也都不用关上，这叫做大

---

① 《琴操》.上卷.
② 《大戴礼记·子张问入官》.
③ 《大戴礼记·诰志》.

同（"昔者仲尼与于蜡宾，事毕，出游于观之上，喟然而叹……言偃在侧，曰：'君子何叹？'孔子曰：'大道之行也，天下为公……人不独亲其亲，不独子其子，使老有所终，壮有所用，幼有所长，矜寡孤独废疾者皆有所养……是故谋闭而不兴，盗窃乱贼而不作，故外户而不闭，是谓大同'"①）。

这与他在《论语》中说到他的志向：老人能得到安逸，朋友之间能有信任，少年儿童能得到关爱（"子路曰：'愿闻子之志。'子曰：'老者安之，朋友信之，少者怀之'"②），是一致的。也与他提出的人类、禽兽、万物、昆虫各有其出生和成长规律（"人、禽兽、万物、昆虫，各有以生"③），故而主张天下获得永久太平安宁的同时，让各种生物"各乐其性"④，是一脉相承的。亦与他所说的生物各具其构造和行为，其精致义理达到神化的地步，且有实用价值，利用这一切安身立命，是一种高尚的品德（"……精义入神，以致用也；利用安身，以崇德也"⑤），是相沟通的。

可见，孔子说的"大道之行"，不但指人类世界，也指禽兽、昆虫以及万物在内的自然世界；孔子主张的"天下咸获安宁"⑥，不但包括人类世界，也包括禽兽、昆虫以及万物在内的自然世界。

---

① 《礼记·礼运》.
② 《论语·公冶长》.
③ 《大戴礼记·易本命》.
④⑥ 《韩诗外传》. 第7卷.
⑤ 《周易·系辞下》.

第九章

中国传统文化的根基

　　德国哲学家黑格尔在约200年前曾说："孔子只是一个实际的世间智者，在他那里思辨的哲学是一点也没有的——只有一些善良的、老练的、道德的教训，从这里面我们不能获得什么特殊的东西""为了保住孔子的名声，假如他的书未曾翻译过反倒更好些"[1]。这是从西方中心论观点出发对孔子做出的不公正的评价，也是对孔子思想的极大曲解。从上述各个章节，孔子敬天、亲地、尊山、乐水、崇生，以及对其物化形式科学技术的重视，对它的成果（即财物）和自然资源尚俭、节用等一系列的思想，充分显示了孔子已把宗教的"天"转化为自然的"天"、人文的"天"，从而创立天道自然观，即人天合一自然观、3仁爱自然观。这是他对中国和全人类的一大贡献。

　　孔子不但是中国历史上第一位伟大的教育家，第一位伟大的文献整理家[2]，他还是中国和人类历史上最伟大的思想家之一。他继承并完成周公旦开创的人本主义革命[3]，在天道自然观的基础上创立仁学，建立起一套仁学体系。

　　中国传统文化博大精深，其基础是在公元前8～前2世纪的轴心时代奠定的，即春秋战国时代奠定的。其中一个重要基石是孔子的天道自然观。

　　本章按上述三个方面，分三节进行阐述。

① （德国）黑格尔.《哲学史讲演录》.第1卷.第119页.上海：上海人民出版社.2013.
② 匡亚明.《孔子评传》.第233、322页.济南：齐鲁书社.1985.
③孙关龙.《〈春秋〉科学考》.第135页.深圳：海天出版社.2015.

一、创立天道自然观

这是孔子思辨哲学的思想或说形而上思想的重要体现。

（一）把宗教的"天"转化为人文的"天"

现在人们很少谈及周公（即周公旦），这是欠妥的。实际上，在中国包括宗教的天在内的神本主义社会向包括人文的天在内的人本主义社会转化的革命，开始于他，最终则由孔子完成[①]。他"敬德保民"，倡导德政；"制礼作乐"，提倡人本主义，从而开创中华文明的崭新方向，奠基了中华传统文化以后3000年的走向。他是不应该被遗忘的伟大的历史人物。

"全世界古代文明的文化都是以神为本，中国早期历史在商以前（本书作者注，包括商在内）也是以神为本。但从西周始，从周公封于鲁开始，他的思想就从以神为本的文化开始转向以人为本的文化。西周时期开始有一种思想，说神依人而行，是依靠人存在的。""当时有这样的观点：依靠人的祭祀，神才存在。没有人的祭祀，神就没法存在。这就是说人世是神世的根本。这种思想在西周得以发展，形成了西周文化的人文主义的思想和特色。这就是中国人以人为本思想的最早起源。"[②]

"夏商是巫术神权极盛时期……事无巨细，大至定国迁都、方国征伐、国家的年成丰歉，小至建房搬家、出行吉凶、病老生死，都不厌其烦地占卜。""夏商既以巫术神权为特色，又都被巫术神权所误而亡国……周公等人从夏亡、商亡的历史教训中，尤其是从大邦殷为小邦周灭亡的现实中，体悟到民众在改朝换代的社会重组中的作用，提出了一整套敬天保民、仁政礼制、明德慎罚的制度和思想，开创礼乐文化之

---

① 孙关龙.《〈春秋〉科学考》.第135页.深圳：海天出版社.2015.
② 陈来.《中华传统文化与核心价值观》.载《光明日报》2014年8月11日.

风，并成为以后3000年中国历代讲德政、重仁礼、叙民本之渊源。它是中国从巫术神权思想中解放出来，走向理性学术文化思想的第一步。"①

"古代的上帝鬼神观念，在殷周之际实现了第一次转变，在孔子时代实现了第二次转变。""周人推翻殷人统治之后，周人具有道德意识的天，便代替了殷人的无理性的专断的上帝。当然，周人的天在一定程度上仍然是主宰世界、支配人类命运的至上神。"②

"夏、商是信鬼神、重宗教（原始宗教）的社会，那时最高的权威是天神……周文王、周武王和周公高举人本主义大旗，建立了周朝，制定了周礼。""孔子毕生以'克己复礼'（指周礼，人本主义之礼）为宗旨，更高地举起人本主义的旗帜，把……水旱、雪霜、日食等自然现象，从巫神宗教色彩中剥离出来，专从人事角度记述社会活动，从天地角度记录自然现象……在整部《春秋》中，无论在何种情况下，坚持不语鬼、不记神，全书没有一个'鬼'字、'神'字。在记述自然灾异时，坚持记事实，讲科学，全书没有记载一件祥瑞之事……诚如有的学者所叙：'《春秋》以文字的形式，牢固地确立了'人'在历史上的地位。从此以后历史不再是关于'神'的种种传说。""孟子说：'《诗》亡而后《春秋》作。'《诗》兴于周初，终于春秋前中期，它是以周公为代表的人本主义革命的产物和象征。《春秋》（孔子编修）始于春秋前期，终于春秋末期，它承继《诗经》的人本主义精神，并宣告周初开始的人本主义革命的完成，宣告崭新的知识阶层'士'的开始形成，宣告子学时代正式开启。这场始于《诗经》初期（周公为代表），止于《春秋》末期（孔子为代表）的延续600多年的人本主义革命，为战国时期的百家争鸣奠定了基础，为秦汉统一帝国的形成及汉唐盛世奠定了基础，也为中华自然国学的发展和以后近2000年直到17世纪前期中华传统科学技术始终处于世界的前列，奠定了基础。"③

---

①孙关龙、宋正海.《中国传统文化的瑰宝——自然国学》.第9～10页.深圳：海天出版社.2012.
②匡亚明.《孔子评传》.第210页.济南：齐鲁书社.1985.
③孙关龙.《〈春秋〉科学考》.第155～157页.深圳：海天出版社.2015.

至今所知，在中国历史上孔子最早明确地宣告：不谈怪异、暴力、叛乱、鬼神（"子不语怪、力、乱、神"①）。当弟子子路问到如何侍奉鬼神时？孔子旗帜鲜明地答曰：人尚且不能很好地侍奉，哪能去侍奉鬼神（"季路问事鬼神，子曰：'未能事人，焉能事鬼'"②）。子路又说：我再大胆地问，死是怎么一回事？孔子答：生都还搞不清楚，又怎么知道死呢（"曰：敢问死。曰：'未知生，焉知死'"③）。他告诫人们：要严肃对待鬼神（无论是信仰鬼神者，还是不信仰鬼神者），但一定不能接近它，更不可亲近它（"敬鬼神而远之"④）。上述孔子的论述，既富有思辨性、哲理性，又具有巨大的社会价值。这样，孔子把神本主义扫进了历史的垃圾堆，完成了周公于周初开创的人本主义革命，使中国社会进入人本时代，亦把原来宗教的"天"比较彻底地转化为"人文的天"。

笔者在第一章第四节中所阐述的孔子有关"天"的言论："不怨天，不尤人，下学而上达，知我者其天乎！"⑤"天之未丧斯文，匡人其如予何"⑥"天生德于予，桓魋其如予何"⑦，等等。这些"天"，都是人文的"天"，都把"天"看作人的精神力量的外在形式，从中得到安慰和理解、寻找信念和力量。（详况请阅第一章第四节）

（二）把宗教的"天"转化成为自然的"天"

孔子不但把宗教的"天"转化为人文的"天"，更重要的是在同时，他把宗教的"天"转化为自然的"天"。

一般地说，自然的"天"是指不以人的意志为转移的自然界，包括天、地、山、川、植物、动物，乃至人类。这是客观存在的"天"，诚

---

①⑦《论语·述而》.
②③《论语·先进》.
④《论语·雍也》.
⑤《论语·宪问》.
⑥《论语·子罕》.

如孔子所说的：天不言，而四时行，万物生（"天何言哉？四时行焉，百物生焉。天何言哉？"①）他指出：天有什么需要思考和忧虑的呢？太阳降落则月亮升起，月亮降落则太阳升起，日月推移交替，光明由此产生。寒冷消退则暑热来临，暑热消退则寒冷来临，寒暑相互交替，年岁由此形成。往者收缩，来者伸展，屈伸互相交替，利于生命的产生和成长。昆虫收缩，是为了得到伸展。龙蛇蛰伏，是为了保存生命（"天下何思何虑？日往则月来，月往则日来，日月相推而明生焉。寒往则暑来，暑往则寒来，寒暑相推则岁成焉。往者屈也，来者信也，屈信相感而利生焉。尺蠖之屈，以求信也。龙蛇之蛰，以存身也②）。他明确提出：天道贵在永无止息，这就是客观规律，谁都阻挡不了。例如，日月相从，从东到西或从西到东运行不止，这是客观规律。它不因为运行长久而停滞，这是客观规律。它从不干预万物的生长，这是客观规律。万物生长都循其规律，这是客观规律（"贵其不已。如日月东西相从而不已也，是天道也。不闭其久，是天道也。无为而物成，是天道也。已成而明，是天道也"③）。短短的一段话，不到50个字，用了4个"是天道也"，这是孔子对反映客观规律的天道的重视和强调。

孔子赞美土地：深挖下去，可得到甘泉；在它上面种植（养殖），则五谷繁茂，草木兴盛，禽兽丰多；一切生物都活立在它的上面，死后又都埋在它的下面。土地有这么多功劳，却从不骄傲（"扣之之深则出泉；树其壤则百谷滋焉，草木殖焉，禽兽育焉；生则出焉，死则入焉；多功而不息……为人下者，其犹土也"④⑤）。赞叹大山，巍然高耸，草木在它上面生长，鸟兽在它上面繁殖，财富在它上面产出。它生产财富不带私利，四方都可以砍伐取用，且从不偏袒于谁。它出于云雨之中，

---

① 《论语·阳货》.
② 《周易·系辞下》.
③ 《礼记·哀公问》.
④ 《荀子·尧问》.
⑤ 《孔子世家·困誓》《说苑·臣术》《韩诗外传》第7卷有类似记载.

连通天地，使阴阳和谐，雨露润泽，万物生长，以供百姓食用（"夫山者，岂然高。""草木生焉，鸟兽蕃焉，财用殖焉，生财用而无私为，四方皆伐，无私予焉。出云雨，以通乎天地之间，阴阳和合，雨露之泽，万物以成，百姓以飨"①②）。孔子站在河边，感叹流逝的时光就像这河水一样，日夜不停地流去（"子在川上，曰：逝者如斯夫，不舍昼夜"③）。颂扬水，孕育着各种生命，没有任何私利，品德高尚；它向低下处流去，曲曲折折，循着自高至下规律，讲究理义；它波涛汹涌，没有穷尽，似无尽的道；它一旦决堤，声势浩荡，狂奔深渊而无所畏惧，无畏勇敢；它作为衡量的标准，平正，公平，类似法度；它装满了容器，不需像其他东西需用概器推平，代表公正；它柔软细滑却无所不达，犹如明镜；任何东西经它的冲洗，便能洁净明亮，好像慈善教化；它途经千转万折，终向东流去，似有钢铁般的志向（"夫水，遍与诸生，而无为也，似德；其流也埤下，裾拘，必循其理，似义；其洸洸乎，不淈尽，似道；若有决行之，其应佚若声响，其赴百仞之谷不惧，似勇；主量必平，似法；盈不求概，似正；淖约微达，似察；以出以入，以就鲜絜，似善化；其万折也必东，似志"④⑤）。

　　而且，孔子已深入地观察到不同的生活环境生长有不同的生物，用了三个"必"字强调其客观的规律性：平原大泽处，看到它上面生长有茂密的草丛，则必有珍奇鸟兽生活在这里；高山多树深林处，则必有稀珍的虎、豹在此繁殖；深渊大川处，则必有蛟龙等物生长在这里（"平原大薮，瞻其草之高丰茂者，必有怪鸟兽居之……高山多林，必有怪虎豹蕃孕焉。深渊大川，必有蛟龙焉"⑥）。他深知生物的习性、机理是不以人的意志为转移的；芳芷幽兰生长在深山密林处，不因为无人欣赏

---

① 《尚书大传·略说》.
② 《太平御览》第4卷、《孔丛子》上卷有类似记载.
③ 《论语·子罕》.
④ 《荀子·宥坐》.
⑤ 《大戴礼记·劝学》《说苑·杂言》《孔子家语·三恕》有类似记述.
⑥ 《大戴礼记·四代》.

而不吐芬芳（"且夫芷兰生于深林，非以无人而不芳"①②）。树的根、干没有问题，那么花朵、果实一定会按季节开放、结果；凡是草、木的根部败伤了，它的枝叶必有枯萎，枝叶枯萎便不能结实（或说不能结果），五谷粮食亦是如此（"苟本正，则华英必得其节以秀孚矣""凡草木根䡴伤，则枝叶必偏枯，偏枯是为不实。谷亦如之"③）。他称赞昆虫的收缩以伸展生长、龙蛇的蛰伏潜藏以保存生命等习性，其精致义理达到神化的地步，具有实用价值，且是一种高尚的品德（"尺蠖之屈，以求信也；龙蛇之蛰，以存身也。精义入伸，以致用也。利用安身，以崇德也"④）；称赞鸟兽都知道厌恶伤杀其同类的行为（"鸟兽尚恶伤类"⑤），对这种不义行为还知道要如何避免它（"夫鸟兽之于不义也尚知辟之"⑥）。

对人，孔子明确指出：天地万物各有其本性，而人是最为宝贵的（"天地之性，人为贵"⑦）；"古之政，爱人为大""爱政而不能爱人，则不能成其身……不能安其土"⑧，仁者"爱人"⑨；死了的人不可有复生，砍断了的肢体不可能复续（"死者不可复生，断者不可复续也"⑩⑪），因此不能滥杀无罪之人（"毋杀不辜"）⑫。同时，他告诫人们：一切生命都必然会死亡，死后必归于下土；骨肉腐烂于地下，沉埋化为野土（"众生必死，死必归土""骨肉毙于下，阴为野土"⑬）。

---

① 《荀子·宥坐》.
② 《说苑·杂言》有类似记录.
③ 《大戴礼记·少闲》.
④ 《周易·系辞下》.
⑤ 《琴操》.上卷.
⑥ 《史记·孔子世家》.
⑦ 《孝经》.
⑧ 《孔子家语·大昏解》.
⑨ 《中庸》.
⑩ 《尚书大传·周传》.
⑪ 《孔丛子》.上卷.
⑫ 《说苑·政理》.
⑬ 《礼记·祭义》.

进而深刻指出：有三种死是很不值得的，是咎由自取，死于非命：一是颠倒昼夜，寝不按时；食不节制，暴饮暴食，长时期的劳逸过度者，结果患疾被病魔杀死。二是权力狂者，居下位而不断地干扰君王，贪婪权力成狂而总不满足者，结果犯上被刑罚处死。三是好战者，不自量力地对世界愤愤不平，发动以少犯众、以弱攻强的格斗和战争，结果必败被对方杀死（"人有三死而非其命也，行己自取也。夫寝处不时，饮食不节，劳逸过度者，疾共杀之。居下位而上干其君，嗜欲无厌而求不止者，刑共杀之。以少犯众，以弱侮疆，忿怒不类，动不量力者，兵共杀之"[1][2]）。此句话中，孔子用了三个"共"字，强调这是必然规律。

可见，在孔子的眼中，无论是天、地、山、川、植物、动物、人类（生物属性的人类），都是客观存在，也都不以人的意志为转移。在这里，见不到一点天神论、神创论的影子，从而创立他的天道自然观。

孔子最先提出："人天合一"的命题[3][4]，提出天、地、人"三常""三政""三德""三道"等。"三常"是指"率天""祖地""民德"，即遵从上天的规律，尊崇大地的规律，教民以善德；高超不过天，深比不过地，以智为本施行仁德，民众便能自觉效力国家。天地人三常之礼明确了，民众就不会困苦了（"率天如祖地，能用民德，是以高举不过天，深虑不过地，质知而好仁，能用民力。此三常之礼明，而民不蹇"[5]）。"三德"为天德、地德、人德，三德遵行，便有阴阳（"有天德，有地德，有人德，此谓三德。三德率行，乃有阴阳"[6]）。"三道"为天道、地道、人道，天道的规律由天象显示，地道的规则在实践中体现，人道的规章制度在稽查实践中改进；三道缺一便失去统一的整体，那么国家便很难长久地安宁（"天道以视，地道

---

① 《孔子家语·五仪解》.
② 《说苑·杂言》、《韩诗外传》第1卷有类似记录.
③ 胡小伟.《钱锺书与中国古典数字工程》.载《中华读书报》2010年12月8日.
④ 栾贵明辑.《子曰》.《李闯裕的卷首语》.福州：福建人民出版社.2013.
⑤ 《大戴礼记·虞戴德》.
⑥ 《大戴礼记·四代》.

以履，人道以稽。废一曰失统，恐不长飨国"①）。"三政"为天政、地政、人政，也就是说天的责职是让一切有序，地的职责是让一切生长，人的职责是辨明是非、张扬正气（"天政曰正，地政曰生，人政曰辨"②）。可见，孔子的天道自然观是人天合一的自然观。孔子在天道自然观的基石上，创建仁学，构建仁学体系（详见本章第二节），把仁爱、孝悌推广到自然界（详见本书第八章），在人与自然之间构建起伦理关系，人类对自然界有伦理的职责和义务，从而使得人与自然能够和谐相处，共生共赢。因此，孔子的天道自然观不但是人天合一自然观，又是仁爱自然观。

二、孔子思想的基石

孔子思想的精髓，是仁学；进而，他创立仁学体系；无论是仁学或仁学体系，其基石都是天道自然观。

（一）创立仁学

"仁"字，在殷商甲骨文和西周金文中都没有发现③。在《尚书》中仅出现一次，"予仁若考"④。在《诗经》中，则出现2次，《郑风·叔于田》篇第一章曰："岂无居人，不如叔也，洵美且仁"；《齐风·卢令》篇第一章说："卢令令，其人美且仁"。这里的"仁"字都是指仁慈⑤，即当今人们说的厚道。

---

① 《大戴礼记·四代》.
② 《大戴礼记·少闲》.
③ 匡亚明.《孔子评传》.第181页.济南：齐鲁书社.1985.
④ 《尚书·金縢》.
⑤ 高亨.《诗经今注》.第136页.上海：上海古籍出版社.1980.

孔子赋予"仁"的新含义，在《论语》中进行了集中的论述（《论语》中"仁"字出现约有109次[1]），使"仁"升华为富有人道主义的、博大精深的人本哲学。30多年前，匡亚明便对孔子的"仁"的含义作出了颇为精辟的论述[2]。笔者参考匡亚明的论述，认为孔子的"仁"有以下含义，从而创建他的"仁学"。

①仁爱。"樊迟问仁。子曰：'爱人'"[3]。孔子在中国历史上第一次提出了仁爱观。它是对夏商周（西周）人道主义的重大发展，也是对周初以来重民思想的重要发展。自此以后，仁即爱人的思想，为中国历代善良的人们所接受，直到当代。毛泽东指出："仁，像现在说的'亲爱团结'"[4]。这种爱超越了夫妻、家庭、亲属、等级、地域、民族、国家，是在尊重每一个人人格的基础之上，把人类作为爱的整体。孔子提出的"仁爱"说，既属于伦理道德范畴，又为富含哲理性思维性的哲学学说。

②仁德。即克己修身，复礼归仁。"颜渊问仁。子曰：'克己复礼为仁。一日克己复礼，天下归仁焉。为仁由己，而由人乎哉！'颜渊曰：'请问其目。'子曰：'非礼勿视，非礼勿听，非礼勿言，非礼勿动'"[5]。这里的"礼"，是仁的表现形式，是孔子眼中的周礼，即经过孔子改造的、充满仁爱精神的周礼，它是人们行为的道德准则，也是孔子理想社会的伦理道德。孔子主张一个人应当学会善于克制、约束自己，使自己的行为符合社会的规范，不去损害社会，不去损害他人，这便是仁，或说仁德。实现这一点的具体做法，则是对不符合礼所规定的事，要做到不看、不听、不说、不做。

克己修身，复礼归仁，属于伦理道德范畴。它与爱人的原则（即"仁爱"）是相辅相成的。诚如匡亚明所述：修身是人的内在方面的道

---

①匡亚明.《孔子评传》.第182页.济南：齐鲁书社.1985.

②匡亚明.《孔子评传》.第182～183页.济南：齐鲁书社.1985.

③⑤《论语·颜渊》.

④毛泽东.《毛泽东书信选集》.第147页.北京：中央文献出版社.2003.

德准则（即"仁德"），爱人是外在的即人与人之间关系方面的道德准则。修身是基础，修身才能爱人，不修身的人是无法做到爱人的。修身是必要的前提，爱人是其必然的结果①。

③仁政。有一次，弟子子路说：齐桓公杀了与他争夺君位的哥哥公子纠，公子纠的一位老师召忽因此自杀，而另一位老师管仲却不死，并进一步发问，管仲没有仁德吧？孔子答曰：齐桓公称霸，多次主持诸侯结盟会，停止了战争，都是管仲的贡献。这就是管仲的仁政，也是管仲的仁德！（"子路曰：'桓公杀公子纠，召忽死之，管仲不死。'曰：'未仁乎？'子曰：'桓公九合诸侯，不以兵车，管仲之力也。如其仁，如其仁'"②）。又一次，弟子子贡说：管仲不是仁人罢？齐桓公杀了哥哥公子纠，他不但不以身殉难，还去辅助桓公，当了相国（即上卿，相当于后来的宰相）。孔子答曰：管仲以相国辅佐齐桓公，称霸诸侯，使天下一切得到匡正，人民至今还受到他的恩惠。假若没有管仲，我们都会披着散发，衣襟向左边开，沦为落后民族。不能要求他像普通的人那样守着小节小信，自杀于山沟中还没有人知晓（"子贡曰：'管仲非仁者与？桓公杀公子纠，不能死，又相之。'子曰：'管仲相桓公，霸诸侯，一匡天下，民到于今受其赐。微管仲，吾其被发、左衽矣。岂若匹夫匹妇之为谅也，自经于沟渎，而莫之知也？'"③）

从有关管仲的两次对话中，孔子告诉我们：ⓐ有没有仁德，要从实际出发，不要拘泥于礼的一些小节小信，要从大处着眼。管仲的"仁德"首先体现在"仁政"上。因此，笔者对孔子说的"如其仁，如其仁"一句话，翻译为"这就是管仲的仁政，也是管仲的仁德"。ⓑ"仁"与"礼"不同。其中一个重要不同是，"礼"是要求人们不要去危害社会、危害他人，"仁"则是要求人们还要有功于社会，有益于他人。例如，弟子原宪曾问孔子：好胜、自夸、怨恨、贪欲四种毛病都

①匡亚明.《孔子经传》.第183页.济南：齐鲁书社.1985.
②③《论语·宪问》.

185

没有的人，是否可称为仁者？孔子答：这样的人可以说是难能可贵的，能否说是仁者，则我不知道（原宪问："克、伐、怨、欲不行焉，可以为仁矣？"孔子曰："可以为难矣，仁则吾不知也"①）。再如，弟子子张问孔子什么是仁？孔子说：能高扬五种品质于天下者，为仁者也。五种品质是指庄重、宽厚、诚实、勤敏、慈惠。庄重，就不会遭受侮辱；宽厚，便会得到民众拥爱；诚实，会得到社会和他人的任用；勤敏，则工作有效率，对社会有贡献；慈惠，则能号召民众（"子张问仁于孔子。孔子曰：'能行五者于天下为仁矣。''请问之。'曰：'恭，宽，信，敏，惠。恭则不侮，宽则得众，信则人任焉，敏则有功，惠则足以使人'"②）。在这里，孔子不但强调仁者要"敏则有功"，而且实际上也已论述了"仁政"。

事实上，孔子有不少关于"仁政"的论述。例如，孔子指出仁政是不可能一蹴而就的，而要实施相当长的时间才能真正地实现；仁政也不是一两个人或一两个阶层的事，而是全社会的事。他说：假如有人受命为王，必须经过约30年（一世）才能完成仁政（"如有王者，必世而后仁"③）；君主实现仁政，那么大夫就能忠诚，士人即会守信，民众便能敦厚，工匠就会朴实，商人能讲信誉，姑娘追求质朴，妇人讲求实在。这七个方面，是教化成功或说是仁政实现的标志（"君先立于仁，则大夫忠，而士信，民敦，工璞，商悫，女憧，妇空空。七者，教之志也"④）。孔子一再赞颂五帝（黄帝、颛顼帝、喾帝、尧帝、舜帝）、六君（大禹、商汤、文王、武王、成王、周公）实行仁政，"仁而威，惠而信，修身而天下服""其仁如天，其知如神，就之如日，望之如云""其德不回，其仁可亲，其言可信"⑤，他们"以著其义，以考其信，著有过，刑仁讲让，示民有常"⑥（他们用仁礼表彰正义，用仁礼成

---

① 《论语·宪问》.
② 《论语·阳货》.
③ 《论语·子路》.
④ 《大戴礼记·主言》.
⑤ 《大戴礼记·五帝德》.
⑥ 《礼记·礼运》.

全信用，用仁礼反思过失，用仁礼来制订法则和讲求谦让，并告示民众遵守常规）。他们爱惜百姓，心忧天下，后来的人们思念他们的恩德，称赞他们的仁政（"圣人爱百姓而忧海内，及后世之人，思其德必称其仁"①）。他还一再强调："不仁，国不化"②（不仁，国家是没有办法变好的）。

④仁人。孔子说："仁者，人也"③。孟子继承孔子这个观点，也强调"仁也者，人也"④。这是孔子"仁"的第四个含义，是体现孔子人本主义哲学核心概念的"仁"，即是孔子对当时业已形成的关于人的各种学问特别是伦理学说的哲学反思，是源于伦理又高于伦理的理论结晶。它亦是人类史上对自身本质认识的一次最为重要的自我觉醒。

诚如匡亚明所论："伦理学的仁要求人们爱人修己，并指示如何去做。而人本哲学的仁，则要求人们探索、阐明人之所以为人，人必须生活在人与人之间（社会的、政治的、阶级的诸关系中），人必须有赖以生活的物质资料，必须有传宗接代的人口增长和延续，必须有道德文化等精神生活，等等。"⑤

当代大学问家郭沫若认为：孔子的"仁，是对人的发现"⑥。在孔子看来，"仁者，人也"的含义大致如下：

首先，是说人即人，人是有生命的人，是具有生物本性的人。人不是神，不是鬼，而是实实在在的人，是要吃饭穿衣、维持生命、繁育后代的人。凡是人，无论是圣人、君王，还是士人、平民百姓，无不如此。所以，孔子非常现实，对那些有损生命的言行，采取的是"不语""焉事""焉知"的态度，主张"不语怪、力、乱、神"⑦，说

---

① 《大戴礼记·用兵》.
② 《大戴礼记·千乘》.
③ 《中庸》.
④ 《孟子·尽心下》.
⑤ 匡亚明.《孔子评传》.第183页.济南：齐鲁书社.1985.
⑥ 郭沫若.《十批判书》.第88页.北京：华侨出版社.2008.
⑦ 《论语·述而》.

"未能事人，焉能事鬼""未知生，焉知死"①；进而提出争取进入"小康"社会，以后再实现天下"大同"的目标②，就是要使广大民众不仅能生活下去，育儿育女，而且是想让人们富裕起来，生活得好些，有充足的物质生活，同时也能提高其精神生活的质量。

第二，是说人是人，是具有社会性质的人，而不是一般的动物。孔子认为，人是社会的人，脱离不了社会、人群，而且是分等级的。因此，需要用礼来规范、制约。为此，他主张复礼、正名，既反对上对下的欺凌，又反对下对上的僭越。

第三，是说人是人，是具有道德本性的人。孔子认为，人是具有道德本性的；道德对于人不是外在的，而是内在的；道德对于人不是可有可无的，而是人类的本性；没有道德，只知吃饭穿衣，还不是一个真正的人，还不能把人和动物根本区别开来，即不是一个真正的、完整的人。人，只有在基本的物质生活基础上，进行道德的修养，拥有相应的精神生活，才能使自己区别于动物，超越于动物，才能成为一个完整的人，一个真正的人。

综上而述，笔者认为孔子的仁学是包括以上仁爱、仁德、仁政、仁人四个方面内容的学说。

（二）孔子创立仁学体系

孔子不但创立仁学，而且开创以仁学为中心，包含政治、伦理、经济、教育等各门类学说，相当完整的中国第一个学术体系。

1. 仁学政治学说

春秋是一个大动荡的时代，臣杀君，子杀父，兄弟相残，权臣僭越，列国兼并，夷狄交侵，周代礼制的大厦摇摇欲坠。面对乱世，孔子企望消除纷乱，重整秩序，使整个社会能够按照以仁为内容、以礼为形

---

① 《论语·先进》.
② 《礼记·礼运》.

式的轨道运行，德治天下，以达到"天下有道"的理想境界。所以，其政治学说的核心是"仁德"或说"仁政德治"，不是如有的学者说的孔子政治学说或说仁政学说的核心是"三纲说"①。

三纲，是指"君为臣纲，父为子纲，夫为妻纲"，要求为臣、为子、为妻的必须绝对服从于其君、其父、其夫。它来源于西汉董仲舒的《春秋繁露》一书，其内容最早可追溯到韩非②。孔子没有说过"三纲"的话，而且是不主张三纲思想的。恕本书不专门展开叙述，实际上在一些章节的叙述中已体现出孔子的这种思想。

对孔子政治学说的特点和主张，匡亚明在30多年前的阐述今天看来依然是确切而透彻的③。

①孔子政治学说的特点。"是从仁的人本哲学思想出发，以怀古的方法憧憬未来。他把古代社会加以美化，称尧舜时代为'大同'，文、武、周公时代为'小康'，并用当时普遍流行的、逆转历史的、仿佛越古越好的好古眼光，把'大同'作为最高理想，'小康'作为近期的目标。"④

ⓐ大同思想的由来和蓝图。"大同思想渊源于先民对于远古无阶级社会的怀念……孔子的大同思想是与他的人本哲学密切联系在一起的，就是说大同是彻底实现了仁的美好社会。"⑤

其蓝图是"大道之行也，天下为公。选贤与能，讲信修睦，故人不独亲其亲，不独子其子，使老有所终，壮有所用，幼有所长，矜寡孤独废疾者皆有所养。男有分，女有归（男有工作，女有夫家）。货，恶其弃于地也，不必藏于己（财物，人们都不喜欢它，被扔弃于地上，都不需属于自己）；力，恶其不出于身也，不必为己（力气，人们都不喜欢它不从身上使唤出来，都不需为自己出力）。是故，谋闭而不兴，盗窃

①蔡尚思.《孔子思想体系》.第149页.上海：上海人民出版社.1982.
②《中国大百科全书》.第二版.第19卷.第71页.北京：中国大百科全书出版社.2009.
③匡亚明：《孔子评传》.第248～272页.济南：齐鲁书社.1985.
④⑤匡亚明：《孔子评传》.第249页.济南：齐鲁书社.1985.

乱贼而不作，故外户而不闭（所以，计谋无法产生，盗窃、谋反、害人之事也不会发生，每一家住户的大门都不用关上）。是谓大同"①。这是一幅"理想化了的传说中的尧舜时代的原始社会图景，也是孔子政治思想的最高境界"②。

ⓑ小康社会的由来和设想。孔子是一位注重现实的思想家，他一方面勾画最高的理想——大同社会，作为长远的宏远目标；另一方面又谋划近期的小康目标，并力促其实现。小康社会来自"继原始社会之后的夏、商、周三代相继而起的阶级社会的'盛世'景象"③。当时，已是"天下为家"，为适应"家天下"的要求，出现了城郭、沟池、宫殿、作坊，形成了一系列典章制度、伦理道德、礼仪习俗，出现了武器、士兵、暴力、战争。这样的社会不如大同社会那么和谐美满，但是"毕竟还有'礼'，还有'信''义''仁''让'，还有正常秩序，所以也还是'小康'。在孔子看来，'大同'以尧舜时代为典型，'小康'以西周为典型"④。

对小康社会，孔子是这样描述的："今大道既隐，天下为家，各亲其亲，各子其子，货力为己。大人世及以为礼，城郭沟池以为固，礼义以为纪，以正君臣，以笃父子，以睦兄弟，以和夫妇，以设制度，以立田里，以贤勇智，以功为己。故谋用是作，而兵由此起。禹、汤、文、武、成王、周公，由此其选也。此六君者，未有不谨于礼者也，以著其义，以考其信，著有过，刑仁讲让，示民有常。如有不由此者，在势者去，众以为殃。是谓小康"⑤（即说：夏、商、周三代至今，大道已经丧失，天下已变为一家私有，各人只亲自己的亲人，只爱自己的子女，财物和力气都为了自己。王公大人子弟世代承袭，且以此为礼制。为此，又修造内城外郭，开挖护城沟池，以便于防卫；制作礼义纲纪人际关系，用来摆正君臣，笃厚父子，和睦兄弟，和谐夫妻，并据以设立其他制度。划分田里，

---

①⑤《礼记·礼运》．

②匡亚明．《孔子评传》．第249页．济南：齐鲁书社.1985．

③④匡亚明．《孔子评传》．第250页．济南：齐鲁书社.1985．

选拔有智有勇之人，将功效与财物归之自己。所以，计谋从此产生，进而起兵，发生战争，六君（大禹、商汤、周文王、周武王、周成王、周公）成为杰出人物。这六位君主，没有不严谨对待仁礼的。他们用仁礼表彰正义，用仁礼成全信用，用仁礼纠正过失，用仁礼来制订法则和讲求谦让，并告示民众遵守常规。如果有人违反这些原则，有权势者要被罢免，民众还视他们为祸害。这就是小康社会）①。

②孔子政治学说的主张。主要主张是：仁政德治，君正臣忠，克己复礼，举用贤才，庶、富、教。孔子政治主张的核心是仁政德治，他一再强调"为政以德，譬如北辰，居其所而众星共之"②（君主实行仁政德治，犹如北斗星受到众星拱卫一样，得到民众的爱戴）；"道之以德，齐之以礼，有耻且格"③（用仁政道德治理国家，用礼义规则整顿社会，人民不但会有正义廉耻之心，而且人心都会归顺）；"宽则得众，信则民任焉，敏则有功，公则说"④（仁义，会得到民众的爱戴；诚信，会受到众人的信赖；勤敏，就会有效而出功绩；公正，百姓就会喜悦）。要重教化，辅以刑罚，薄税赋，重民生，让社会各个阶层、各色人士都过上安居乐业的生活，也是孔子仁政德治的内容。

孔子认为，要实行仁政德治，就要像西周初期的盛景，君正臣忠，克己复礼，举用贤人，实现"安"（安定）、"庶"（人丁兴旺）、"富"（富裕）、"教"（重教）。他指出："政者，正也。子帅以正，孰敢不正？"⑤"其身正，不令而行；其身不正，虽令不从"⑥；"子为政，焉用杀？子欲善而民善矣"⑦（治理国家，为什么要杀戮？只要你实施仁政德治，民众必然会仁善守法）。"君使臣以礼，臣事君以忠"⑧（君主要像君主，以礼使臣；臣子要像臣子，对君主以忠）；同时，

---

①译文参考吴龙辉的《孔子语录全编》.第357页.北京：北京图书馆出版社.2007.
②③《论语·为政》.
④《论语·尧曰》.
⑤⑦《论语·颜渊》.
⑥《论语·子路》.
⑧《论语·八佾》.

要"以道事君"，遇到君主不义时"臣不可以不诤于君"①（即臣忠君是以君事道为前提的，君不事道时臣要敢于提意见），"不诤"，便是小人、奸臣；提了意见，君子不听不改，则应辞职（"不可则止"②）。进而孔子认为，君臣要正、要忠，则必须"克己复礼"，只有自身克制生活上的侈靡、政治上的僭越，恪守周礼，才能真正实施仁政德治。为此，要举用贤人，孔子一再强调："赦小过，举贤才"③（不要计较小的过失，要大力选用优秀人才）。以达到小康社会的重要标志——国家安定、人丁兴旺、生活富裕、教育发展。孔子一再强调国家要安定，"不患寡而患不均，不患贫而患不安。盖均无贫，和无寡，安无倾"④（不担忧财富不够而担忧财富不均，不担忧国家欠发达而担忧社会不安定。财富比较均匀了，就无所谓富人、穷人；民心和谐了，就不会感到财富的不足；社会安定了，就不会发生国家倾倒的危险）；"必世而后仁"⑤（一定要经过一世约30年，才能真正实现仁政德治），"善人为邦百年，亦可以胜残去杀矣"⑥（连续百年由善人实施仁政德治，才可以彻底克服残暴，免除杀戮的行为）。国家安定了，就有了实现小康社会的政治基础。在这基础上孔子认为应该做到人丁兴旺、生活富足、教育发展。他的这个思想集中体现在他约55岁（鲁定公十三年，公元前497年）从鲁国出走，进入卫国时，与驾车的弟子冉有的对话中。孔子说：卫国的人丁好兴旺啊！冉有问：人丁兴旺后，国家该怎么办？孔子说：让百姓富足起来。冉有再问：百姓富足起来后，又该怎么办？孔子说：发展教育（"子适卫，冉有仆。子曰：'庶矣哉！'冉有曰：'既庶矣，又何加焉？'曰：'富之。'曰：'既富矣，又何加焉？曰：'教之，'"⑦）。

---

①《孝经》.

②《论语·先进》.

③⑤⑥⑦《论语·子路》.

④《论语·季氏》.

2. 仁学伦理学说

孔子非常重视伦理道德，认为必要时可以为它牺牲一切，乃至自己的生命，说"志士仁人，无求生以害仁，有杀身以成仁"①（仁人志士，不因贪生怕死而有损仁义，而应勇于献身以成就仁德）。

孔子伦理学说的实质，是"作为人道主义的仁与作为等级宗法制的礼的结合"，"仁是它的内核，礼则是它的外壳"②。其核心是仁德。其对象，首先是"贵族统治阶级（君、卿、大夫，特别是君）"，然后是"后备的卿、大夫及各级官吏的士（知识分子）阶层"，最后是"一般人（广大劳动者）"；可见，他的伦理道德是对全社会的，是对所有人的，重点则是"前面两种人"③。为此，孔子创立了全新的君子观、泛爱众说、重义轻利观、道德规范体系等一整套伦理学说，"深刻地影响了他身后两千多年的中国"，直到今天；对于中国"民族心理、民族风俗习惯的形成，具有极其重大的意义"④。

①首创君子观。"君子"一词，来自《尚书》《易经》，由"君之子"（国君之子）转化而来⑤。孔子则从形式和内容两个方面继承和改造前人关于君子的论述和思想，变革原有"君之子"的世袭制，创立全新的君子学说，实现了传统君子文化的重大变革⑥。孔子沿用前人的"君子"称谓，铸就了中华传统君子文化的思想库，故君子成为中华传统文化的鲜明标记；同时，他在逻辑上从君子是君之子，指君子是有道德者，进而到有道德者是君子的命题转换，把"有德者"应该具备的各种美德，包括仁、德、义、礼、智、信、勇、和、中、忠、孝、悌、勤、廉、耻等，都打上君子的烙印⑦。从而，成为中华优秀传统文化中的道德完整的人的体现，亦成为世人立足现实、自强不息、克己修己、求善向上的目标。

---

① 《论语·卫灵公》.
② 匡亚明.《孔子评传》.第222页.济南：齐鲁书社.1985.
③④ 匡亚明.《孔子评传》.第218页.济南：齐鲁书社.1985.
⑤⑥⑦ 周玉清、王少安.《中华传统君子文化的历史发展及其当代价值》.载《光明日报》2016年4月22日.

②首提泛爱众说。《论语》登载："樊迟问仁。子曰:'爱人'。"[①]有的学者说，孔子爱的人是奴隶主阶级，不包括下层的"民"（劳动人民）[②]；有的学者说，孔子爱的人中"还包括着地主阶级以及自由民"[③]。笔者认为，这些观点都是值得商榷的。最为典型的事例是，孔子家的马厩失火，孔子退朝回来关切地询问："伤人乎？不问马。"[④]替别人喂养马的人，应该是当时最为底层的劳动人民了，孔子急切关心这类人的安全，充分体现了他"爱人"主张的人民性、广泛性。而且孔子对弟子明确提出要"泛爱众"[⑤]，即博爱广大民众的要求。

孔子在中国历史上，首提"泛爱众说"。这不但体现了孔子对最底层民众的同情，更体现了他的仁政是要求实实在在地惠民，给广大最底层民众以实实在在的利益，实施"博施济众"[⑥]，让他们过上安乐的生活，即"因民之所利而利之"[⑦]。这与孔子提倡的"能近取譬，可谓仁之方也已"[⑧]（将自己之心比他人之心，可以是实践仁道的重要方法），是完全一致的，是他人文主义思想的重要体现。

③首倡重义轻利观。孔子义利观的特点是重道义、轻私利。

首先，义是道德，义是仁善，所以孔子主张"君子喻于义"[⑨]，要以义为本（"义以为质"[⑩]），反对"群居终日，言不及义"[⑪]。他说：即使很贫困，吃粗粮，喝冷水，枕着胳膊睡觉，也感到快乐。不合道义的富和贵，对我像是一片浮云，不值得一顾（"饭疏食，饮水，曲肱而枕之，乐亦在其中矣。不义而富且贵，于我如浮云"[⑫]）。

[①]《论语·颜渊》.

[②] 赵纪彬.《论语新探》.第22～27页.北京：人民出版社.1962.

[③] 关锋、林聿时.《再论孔子》.载《新建设》1961年第11期.

[④]《论语·乡党》.

[⑤]《论语·学而》.

[⑥][⑧]《论语·雍也》.

[⑦]《论语·尧曰》.

[⑨]《论语·里仁》.

[⑩][⑪]《论语·卫灵公》.

[⑫]《论语·述而》.

其次，孔子"罕言利"①，也说过小人才整天想着利（"小人喻于利"②）。但他不反对得利、讲利，说："学也，禄在其中矣"③（学习好了，将来有份工作，俸禄自然有了）；主张："因民之所利而利之"④（人民大众所能得到的利益都应该让他们得到）。然而，他认为应该"见得思义"⑤（看见能得到的利益，首先要"思义"，考虑一下是否应该得到）；"义，然后取，人不厌其取"⑥（符合道义的财物，再去取，人们也不会讨厌你，对你也不会有意见）；"富与贵，是人之所欲也；不以其道得之，不处也。贫与贱，是人之所恶也；不以其道得之，不去也"⑦（发财、做贵人，是人人所企望的；不用正当的方法得到它，君子是不接受的。贫困、下贱，是人人所厌恶的，不用正当的方法去摆脱它，君子是不会做的）。

孔子对待利的主张，与后儒如汉儒董仲舒、宋儒朱熹等把道义与功利完全对立起来，形成讳言利、排斥利的倾向，乃至提出诛灭利、欲的主张，是明显不同的。这充分体现了孔子重人道、重实际的精神。孔子的重义轻利观，在今天依然有它的现实价值。

④构建一整套以仁为核心的道德规范体系。孔子对当时与历史上的道德规范进行了全面的、深入的研究，不但极大地丰富了它们的思想内容，而且把它们综合形成为一个完整的体系。"这不仅在中国是首创，在世界伦理学史上也是罕见的。"⑧

首先，这是一套完整的以仁为核心的、以礼为形式的道德规范体系。为此，孔子强调："为仁由己，而由人乎哉"⑨（实现仁德，关键

---

① 《论语·子罕》.
②⑦ 《论语·里仁》.
③ 《论语·卫灵公》.
④ 《论语·尧曰》.
⑤ 《论语·季氏》.
⑥ 《论语·宪问》.
⑧ 匡亚明.《孔子评传》.第230页.济南：齐鲁书社.1985.
⑨ 《论语·颜渊》.

在自己，还能靠别人吗）；"仁远乎哉？我欲仁，斯仁至矣"①（仁离我们远吗？不远。每个人努力实践仁，仁都会来）。孔子讲得很清楚，人人可以为仁，仁离我们不远，只要下定决心，努力实践，没有人不可以成为仁人。行仁守礼，对每个人来说都不存在本性的问题，也不存在能力的问题，关键是你自己努力不努力的实践问题。

其次，行仁守礼贯穿在其他一切道德规范，其体系大致如下：

ⓐ忠恕。弟子曾参概括说过："夫子之道，忠恕而已矣。"②忠恕，是孔子实现仁道的实践标准。忠，是对事业、对人，孔子的忠主要是对人。他要求"与人忠"③"事君以忠"④，即人与人之间肝胆相照，诚实可靠；对事业、对仁道的君主（天子、诸侯王）要竭心尽力，诚实负责。恕，即宽厚，推己及人。孔子主张："我不欲人之加诸我也，吾亦欲无加诸人"⑤（我不愿别人把意见强加于我，我也不把我的意见强加于他人），"己所不欲，勿施于人"⑥（自己不感兴趣的事与物，不要强加于他人），"躬自厚而薄责于人"⑦（重责备自己，而轻责备他人。即责己严，待人宽）。在这里充满着平等待人、尊重他人和爱护他人的人文精神。

ⓑ孝悌。"孝"，是指尊敬、顺从父母等长辈；"悌"，是指尊重、和谐兄弟姐妹同辈。家庭是社会的细胞，孝悌是维持社会安定的重要道德观念。孔子认为孝悌是仁道之本，说："孝悌也者，其为仁之本欤。"⑧在他看来，孝顺父母长辈、和谐兄弟姐妹的人，在政治上也必然会敬重君主、公卿，因此犯上者很少；不喜欢犯上者，是不会作乱的（"其为人也孝悌，而好犯上者，鲜矣！不好犯上，而好作乱者，未之

---

① 《论语·述而》.
② 《论语·里仁》.
③ 《论语·子路》.
④ 《论语·八佾》.
⑤ 《论语·公冶长》.
⑥⑦ 《论语·卫灵公》.
⑧ 《论语·学而》.

有也"①）。因此，他特别要求年轻人，"入则孝，出则悌"②（进入家中，要孝顺父母长辈；离开自己的房间，要敬重兄弟姐妹）。

ⓒ智勇。智，指智慧、才能；勇，指勇敢、果断。孔子说："君子道者三……仁者不忧，知者不惑，勇者不惧"③（君子实行仁道要具备三种能力，仁者的乐观精神，智者的聪明才智，勇者的无畏精神）。没有聪明才智，无畏的勇敢，在政治上无法彻底地实行仁道，在伦理上无法造就真正的君子。智者，能知人，能知言，能"群而不党"④（能合群而不结党营私），能"和而不同"⑤（坚持和谐而不无原则地顺从）。勇者，能见义勇为，勇于行仁，勇于守礼，勇于改正自己的过失，"见义不为，无勇也"⑥。当然，这个"勇"是有前提的，不能超越礼、义的范畴。孔子说过："有勇而无义，为乱"⑦（勇而好斗无礼无义者，对社会是一种祸害），"好勇疾贫，乱也"⑧（勇而好斗又厌恶贫困的人，对社会是一种祸害）。亦可见，孔子对自下而上的变革，对底层贫困人民不堪盘剥的反抗，都是持否定态度的。

ⓓ恭敬。恭，是对己严肃庄重，对人谦虚和气；敬，是对事业认真严肃，对人真诚相待。孔子认为"居处恭"⑨"貌思恭"⑩（皆说平日容貌要端正庄重），是实施仁礼、做君子的必要条件。不过他反对过分的、做作的谦恭，对它"耻之"，说"巧言令色，足恭，左丘明耻之，丘亦耻之"⑪（花言巧语，狡伪的容貌，十足的恭顺，左丘明认为可耻，我也认为可耻）。孔子主张工作上要"执事敬"⑫，"事思敬"⑬，匡亚明指出"这恐怕是我国最早的职业道德理论"⑭。还主张敬父母，只

①②《论语·学而》.

③《论语·宪问》.

④《论语·卫灵公》.

⑤⑨⑫《论语·子路》.

⑥《论语·为政》.

⑦《论语·阳货》.

⑧《论语·泰伯》.

⑩⑬《论语·季氏》.

⑪《论语·公冶长》.

⑭匡亚明.《孔子评传》.第236页.济南：齐鲁书社.1985.

养不敬不是孝；敬上级，"事上也敬"①（对君主要敬重负责）；敬朋友，要"善与人交，久而敬之"②。

孔子还提出：谨（慎重）信（诚实），宽（厚道）敏（勤勉），温（温和）良（善良），俭（节俭）让（谦逊），直（正直）惠（给人以照顾），言（论）行（动），学（习）思（考），知耻（有羞耻心），三戒（戒色、戒斗、戒得），三不（不忧、不惑、不惧），九思（视思明、听思聪、色思温、貌思恭、言思忠、事思敬、疑思问、忿思难、见得思义）等，构成他完整成套的伦理思想体系，以成就他的理想人格——圣人和仁人。

3. 仁学经济学说

有学者认为，"孔子对经济问题的言论不仅很少、很零碎，而且往往自相矛盾"③。这个观点是值得商榷的。事实上，从生产领域到流通领域、消费领域、分配领域等，孔子都有所论述。当然，这是他仁政德治思想在经济方面的表现，而且还是他仁学体系不可或缺的一个方面，这是孔子经济学说的最大特点。简述如下：

①物质生产观。孔子已认识到物质生产是政治教化的基础，在《论语·子路》篇中提出了先富裕后教化的思想（见本书第192页）。他知悉物质生产的社会价值，针对当时徭役繁重的状况，提出"使民以时"④，以不耽误物质生产。他主张"五谷蕃焉，草木殖焉，禽兽育焉"⑤；山上的草木、鸟兽等财物"无私为，四方皆伐""百姓以飨"⑥（供百姓食用）；"别五土之性，而物各得其所生之宜，咸得厥所"⑦；

---

①②《论语·公冶长》.

③蔡尚思.《孔子思想体系》.第80页.上海：上海人民出版社.1982.

④《论语·学而》.

⑤《荀子·尧问》.

⑥《尚书大传·略说》.

⑦《孔子家语·相鲁》.

说："山林与，皋壤与，使我欣欣然而乐与"[①]等，孔子在中国历史上最先提出较为系统的"开源说"。

②节用克俭消费观。孔子还在中国历史上最早提出较为系统的"节流观"，详见本书第七章。

③富民富国观。孔子从治国之道要在安民、民贫则怨、民富则安出发，对统治者提出要"节用而爱人，使民以时"[②]，要"省力役，薄赋敛"[③]，除"苛政"[④]，要"周急"[⑤]（赈济）、"博施""济众"[⑥]，要"因民之所利而利之"[⑦]。正如孔子弟子有若所言："百姓足，君孰与不足；百姓不足，君孰与足？"[⑧]。富民思想是孔子经济学说的一大亮点，也是他最具生命力的重要观点。

④重义轻利观。前已有叙述，此处不重复了。

⑤均无贫观。孔子说："丘也闻有国有家者，不患贫而患不均，不患寡而患不安。盖均无贫，和无寡，安无倾"[⑨]（我听说，无论是诸侯或者大夫，不必担忧财富不多，而应忧虑财富的不均；不必担忧人丁不旺，而应忧虑社会不安定。若是财富均有，便无所谓贫穷；社会安祥团结，便无所谓人丁少了；社会平安，便不会发生倾倒的危险了）。有学者说：孔子的这个学说"与今之社会主义，其目的同也"[⑩]。孔子的这个思想是很宝贵的，实际上任何一个社会都存在"不患贫而患不均"的问题，这个思想在分配领域至今还有价值。然而，孔子提倡的"均"，是符合周礼有等级的"均"，与今天社会主义是"按劳分配"的"均"，是有原则性区别的。

---

① 《庄子·知北游》.
② 《论语·学而》.
③ 《孔子家语·贤君》.
④ 《礼记·檀弓下》.
⑤⑥ 《论语·雍也》.
⑦ 《论语·尧曰》.
⑧ 《论语·颜渊》.
⑨ 《论语·季氏》.
⑩ 卢信.《不彻底原理》.第212页.1933.

顺便说一下，孔子并不像有的学者认为的"鄙商"；有的学者把孔子说的"赐，不受命而货殖焉，亿则屡中"，释解为子贡"不守本分，去囤积投机，猜测行情，竟每每猜对了"[①]，按这个注解，孔子不满，批评了子贡。笔者认为上述观点是值得商榷的：事实上，全句是孔子的感叹，感叹命运会捉弄人：颜回知识丰富，道德修养也好，可常常穷困不堪；而子贡不遵其特长去做外交官，却在商海中做生意屡屡得手，发大财（"回也，其庶乎，屡空。赐，不受命而货殖焉，亿则屡中"[②]）。子贡，卫人，在"《论语》中提及三十八次""孔子弟子与孔子的问答之言，见于《论语》中的，以他为最多。孔子器重他仅次于颜回"，"他是孔门中培养出来的外交家"[③]。司马迁评论说："子贡一出，存鲁，乱齐，破吴，强晋而霸越……十年之中，五国各有变"，然而他"好废举，与时转货赀"（自愿废弃官场之路，适时转而经商）"家累千金"[④]，是"春秋时代著名富商"[⑤]。他忠实地维护孔子的声望和地位。"孔子死后，他守墓六年，师生之情胜过父子。"[⑥]可见，孔子不"鄙商"；说子贡"不受命"，是指他没有去走他擅长外交官之路的事实，不是"不守本分"。那一段话中孔子没有批评子贡之意。

4.仁学教育学说

　　孔子创办的平民教育，其影响之广、之深是空前的：它打破了以往"学在官府"的格局，使文化下移，普及民间，这在中国教育史上是划时代的创举[⑦]。孔子的教育学说的特点是充满着仁学，主要体现在教育思想、教学方法两个方面。

　　①教育思想。最光辉的是"有教无类"[⑧]的主张。它是孔子"泛爱

①杨伯峻.《论语译注》（简体字本）.第131～132页.北京：中华书局.2015.
②《论语·先进》.
③⑤⑥匡亚明.《孔子评论》.第310页.济南：齐鲁出版社.1985.
④《史记·仲尼弟子列传》.
⑦匡亚明.《孔子评论》.第274、277、278页.济南：齐鲁出版社.1985.
⑧《论语·卫灵公》.

众"说的具体体现，一切人只要"自行束修以上"①（主动交一点干肉之类的报酬），都可以受教。不分贫富、贵贱、贤愚和国家、地区、种族。于是鲁、齐、卫、晋、宋、陈、楚、秦、吴、越等各国学子前往曲阜，且"大都出身贫贱，唯子贡'家累千金'，但（他）也不是来自贵族，而是后起的大商人。真正属于贵族的有南宫敬叔、司马牛等少数几人。可见，孔子的弟子群主要是由平民组成（笔者注：为平民弟子群）。教育对象由贵族推广到平民"②。

还有"教书"同时"教人"，而且首先是"教人"，重视人格、道德的教育思想；教师要"诲人不倦"③，做出表率的教育思想；师生平等相待、互敬互爱，实施民主教育的教育思想等。这些教育思想，在中国教育史上都是首创。

②教学方法。有因材施教，分科教学；循循善诱，触类旁通；互相切磋，教学相长；学（习）思（考）并重，举一反三；学（习）行（动）结合，学以致用等。孔子在中国教育史上，首创因材施教的教学法、启发式教学法、教学相长教学法、学思并重教学法、学行结合教学法等。

孔子的这些教育思想、教学方法，今天乃至将来对人类都具有重要的现实价值。

（三）孔子学说的基石

孔子仁学的核心是爱人，爱人的基石是爱生命。爱生命是孔子爱自然的一个重要的有机组成部分。

1. 仁学核心是爱人

孔子的仁学学说，核心是"爱人"④，出发点是"爱人"，落脚点

---

①③《论语·述而》.
②《中国大百科全书·教育》卷.第211页.北京：中国大百科全书出版社.1985.
④《论语·颜渊》.

还是"爱人",即人本主义。正因为从"爱人"出发,他在中国历史上第一次探讨了人性论这个课题,破天荒地提出性相近、习相远的观点("性相近也,习相远也"[①])。主张人的本性是相近的,差不多的,人在道德上、知识上的重大差异,主要是后天教育、学习的结果。出于这种观点,孔子认为人人可以成为君子,人人可以成为仁人。所以,他在政治上主张仁政德治,在伦理上首创君子观,首提"泛爱众"说,首倡重义轻利观及其一整套道德规范体系;在经济上提出富民富国说、均无贫说以及开源节流观;在教育上提出有教无类说等。有学者认为,孔子在人性论方面,没有"留下什么重要的见解"[②],这个观点是值得商榷的。孔子在2500年前就提出了通过教育、学习就能革新人的"性习说",这是对中国哲学和心理学的一个重大贡献。

2. 爱人的基石是爱生命

孔子"爱人"的精神是出自他对生命的热爱。在本书第五章中,他赞美向日葵,赞美兰花,赞美松柏,赞美尺蠖(昆虫),赞美龙蛇,赞美鸟兽。他主张:"开蛰不杀""方长不折"[③](春天不杀刚苏醒恢复活动的昆虫和鸟兽,春天不折断正在生长的青草和树木),"钓而不纲,弋而不宿"[④](钓鱼,不采用在长绳上系满钓钩的工具;射鸟,不射归巢和在巢的鸟);反对"竭泽而渔""刳胎杀夭""覆巢破卵"[⑤],反对"断一树,杀一兽,不以其时"[⑥];告诫人们要"既知一时之权,又知百世之利"[⑦];并把不取小鱼[⑧]等保护生物,田地整齐、树木茂盛等优美的环境[⑨],纳入德政。这些珍爱、保护生命的箴箴之言,今天的人们到近

---

① 《论语·阳货》.
② 韦政通.《中国思想史》.下册.第712页.上海:上海人民出版社.2003.
③ 《大戴礼记·卫将军文子》.
④ 《论语·述而》.
⑤ 《孔子家语·困誓》.
⑥ 《礼记·祭义》.
⑦ 《韩非子·难一》.
⑧ 《吕氏春秋·审应览》.
⑨ 《韩诗外传》.第6卷.

几十年才知道要这样做，而孔子在2500年前就这样说了，也这样做了。

孔子还告诫我们，"死者不可复生，断者不可复续"①，进而主张"与其杀不辜，宁失有罪；与其增以有罪，宁其过以有赦"②（与其错杀无辜之人，宁可错放有罪之人；与其夸大其罪过，宁可漏失罪行而予以赦免），并提出"毋杀不辜"③，"无以死伤生，毁不灭性"④（不要为了死者而伤害生者，悲伤不可过度而违背人性）。他希望"天下咸获永宁"⑤，"老者安之，朋友信之，少者怀之"⑥；在"万人皆及治"（万民都能得到幸福安定的生活）的同时，"万物皆及生"⑦（万物也都得到了正常的生长），让各种生命"各乐其性"⑧。

可见，孔子对生命了解之真、之透，对生命挚爱之切、之深。再加上他认为"天地之性，人为贵"⑨（天地间万物各有其本性，而人是最为宝贵的），"天之所生，地之所养，无人为大"⑩（上天所生的，大地所养的，没有比人更为伟大的），必然形成他"爱人"的仁学观，并提出"不知命，无以为君子"⑪的命题。

3. 爱生命是孔子爱自然的一个有机组成部分

孔子挚爱生命，是他热爱自然、敬畏自然的一个重要有机组成部分。他歌颂山，巍然高耸，草木在它上面生长，鸟兽在它上面繁殖，财物在它上面出产。它不带私利，让四方去砍伐取用（"夫山者，嵬然高""草木生焉，鸟兽蕃焉，财用殖焉；生财用而无私为，四方皆伐"⑫）。他称赞水，让各种生物受益，没有私利；向低下处流去，曲曲折折，循着自高至下的规律；波涛汹涌，没有穷尽；一旦决堤，声势

---

① ②《尚书大传·周传》.

③《说苑·政理》.

④ ⑨《孝经》.

⑤ ⑧《韩诗外传》.第7卷.

⑥《论语·公冶长》.

⑦《说苑·君道》.

⑩《礼记·祭义》

⑪《论语·尧曰》.

⑫《尚书大传·略说》.

浩荡，奔向万丈深渊而无所畏惧；任何东西经过它的冲洗，必能鲜明洁净（夫水，遍与诸生，而无为也……其流也埤下，裾拘，必循其理……其洸洸乎，不淈尽……以出以入，以就鲜絜"①）。他敬重上天，"惟天为大"②，"谓天盖高，不敢不跼"③（论高，莫过于天，对天我不敢不曲身以恭）；敬重它的永无止息，犹如日月相从、运行不止，万物生长各显规律（"贵其不已。如日月东西相从而不已也……无为而物成……已成而明"④）。他赞扬大地，"多其功而不息"⑤（有这么多的功劳却从不自以为是，以功德自居），深挖它可得甘泉，在它上面五谷繁茂、草木兴盛、禽兽丰多（"土乎！扣之之深则出泉；树其壤则百谷滋焉，草木殖焉，禽兽育焉"⑥）；说厚，莫过于地，对地我不敢不碎步敬重（"谓地盖厚，不敢不蹐"⑦）。他来到河边，曰"知者乐水"⑧，感叹时光的流逝，如同眼前的河水一样日夜不息（"逝者如斯夫，不舍昼夜"⑨）。他登上高山，曰："仁者乐山"⑩，感叹"高山仰止，景行行止"⑪（高山，人所共仰；大道，人所共行）。他完全融入了自然，陶醉于自然，怎么会不挚爱生命？哪能容忍"竭泽而渔""覆巢破卵"⑫，滥"杀不辜"⑬，"以死伤生""毁而灭性"⑭（为了死者而伤害生者，居丧时过度悲伤而违背人性），以及"不以其时""断一树，杀一兽"⑮等破坏自然、危害生命的现象。

所以，我们说天道自然观是孔子生命观的基石，亦是孔子仁学及其体系的基石。

---

① ⑬《荀子·宥坐》.

②《论语·泰伯》.

③ ⑦《说苑·敬慎》.

④《礼记·哀公问》.

⑤ ⑥ ⑫《孔子家语·困誓》.

⑧ ⑩《论语·雍也》.

⑨《论语·子罕》.

⑪《礼记·表记》.

⑭《孝经》.

⑮《礼记·祭义》.

三、中国传统文化的根基

中国传统文化源远流长，多元包容，丰富多彩，博大精深。其根本精神是以人为本的人文精神。自周公开始的、由孔子完成的人本主义革命，使中国从此脱离了神本社会，进入人本社会，极大地促进了社会的发展，顺利进入铁器时代；使中国一直居于世界的前列达2000余年，直至17世纪上半叶；使中国2500年来直至今天，一直具有非宗教传统，没有宗教狂热，没有宗教战争，基本上也没有宗教干政等一系列现象。

（一）中国人文精神的实质

孔子及其《春秋》完成了周初开始的人本主义革命，从此中国传统文化建立在以人为本的基础之上，人的主体性、主动性、能动性大力发扬，有力地促进了社会生产力和科学技术的发展。而且，中国的以人为本精神，在"人天合一"思想的指导下，没有异化为人类中心主义；同时，又没有抹杀人作为自然界的一员，发挥其主动性、能动性，且能时刻反省自己，不去主宰、干预自然。所以，中国在近代以前的2000多年中天、地、人能比较和谐地发展，人既没有成为神的奴隶、也没有成为物的奴隶。"天人合一"（由"人天合一"发展而来），人既不是神的奴隶、也不是物的奴隶，是中国传统人文精神的实质，也是中国传统文化最为宝贵的遗产。

（二）世界呼唤中国传统的人文精神

在西方，黑暗的中世纪被基督教教会的神权控制着一切。14～16世纪的欧洲文艺复兴运动，高举以人为本的大旗，主张个性解放、个人自由，用人性反对神性，用人权反对神权。随后的宗教革命、科学革命、工业革命，使欧洲一跃成为世界先进之地。

16世纪，西方传教士利玛窦等沟通中西科学、文化交流。1687年，在巴黎出版《大学》《中庸》《论语》拉丁文译本^①，孔子学说开始较为系统地传入西方。德国古典哲学的早期代表人物莱布尼兹、沃尔夫等赞美孔子和儒学的理性主义，促进了德国古典哲学理性传统的形成^②。法国启蒙运动学者伏尔泰、狄德罗，法国重农派学者魁奈等都推崇孔子及其学说，魁奈还获有"欧洲孔子"的雅号^③，推动了法国大革命和法国社会发展。西方文化在走向近代的进程中，借鉴中国传统文化中的以人为本精神，与西方中世纪以来以神为本、一切听命于神的文化进行斗争，使人们从神的脚下站立起来，肯定并发挥人的理性，才有近代科学文化的发展^④。

然而，西方文化有着深厚的基督教传统。《圣经》中说，上帝创造了亚当，并将对自然万物的统治权交予亚当，统治自然、征服自然成了上帝赋予人类的权力。这奠定了西方的人与自然处于完全对立的哲学基础，也导致以人为本的人文主义，异化为人类中心主义。"以前由神来决定一切，现在应该由人来决定一切；以前由神主宰，现在应该由人主宰。"^⑤于是，人定胜天，奴役自然，蹂躏自然。同时，又异化出技术中心主义，人由神的奴隶置换为物的奴隶（包括金钱的奴隶、权力的奴隶）。金钱拜物教泛滥，奢侈成风，浪费成了时尚，崇尚强力、武力、霸权，并以此横行世界；为争夺财物，不惜动武打仗，乃至于20世纪先后发生两次人类数百万年历史上从未存有过的世界大战。战争的残忍，自然的惩罚，促使西方一些先进的思想家思考问题，开始反思：人类主宰了、决定了，怎么主宰、决定成这么一幅惨象？并开始省悟：地球只有一个；自然规律是不以人的意志为转移的；世界上的问题，不是靠强

①匡亚明.《孔子评传》.第400页.济南：齐鲁书社.1985.

②匡亚明.《孔子评传》.第400～402页.济南：齐鲁书社.1985.

③匡亚明.《孔子评传》.第402～405页.济南：齐鲁书社.1985.

④⑤楼宇烈.《互联网应传播中国文化的根本精神》.载《光明日报》2006年6月2日.

力、武力、霸权所能解决好的。于是，这些思想家重新举起新的人文主义大旗，以替代当前横行世界的人类中心主义、技术中心主义、霸权主义，并认为这种新的人文主义精神和思想的精华蕴藏在中国传统文化中，蕴藏在孔子思想中。中国传统文化、孔子思想在天道自然观和"天人合一"观的指导下，是仁学文化、仁学思想，是一种人既不是神的奴隶，又不是物的奴隶的思想和文化；是一种人尊重自然、敬畏自然，且能自觉自律地保持人的主体性的思想文化；是一种人敬重人，国尊重国，和谐共处，互惠互赢的君子思想和文化。

被人们誉为20世纪最伟大科学家的爱因斯坦曾说："我所了解的禅宗佛教对我没有多大的意义。但是，我赞成孔子的儒学。"[1]著名评论家李雅明指出："在2500年前，孔子对于宗教就能与近代大物理学家有共同的态度，实在是极为难能可贵的"[2]。1988年1月，在法国巴黎召开的"面向21世纪"第一届诺贝尔奖获得者国际大会上，瑞典著名物理学家、1970年诺贝尔物理学奖获得者、年届八十的阿尔文博士发表演讲，指出："人类要生存下去，就必须回到二十五个世纪之前，去汲取孔子的智慧"；经75名参会者一致通过，"人类要生存下去，就必须……去汲取孔子的智慧"，作为此次会议的一个重要结论，贡献给21世纪的人类[3][4][5]。

（三）中国传统文化的根基

孔子思想是中国传统文化的经络，孔子思想的基石——天道自然观，也必然成为中国传统文化的根基。

中国传统文化的根本精神，是孔子奠定的以人为本的人文精神。

[1][2]《我看基督教》.第223页.台北：台北桂冠图书公司.2006.
[3]胡祖尧.《诺贝尔奖得主推崇孔子——悬案十五年终揭晓》.载《国际先驱导报》2003年1月17日（第32期）.
[4]李存山.《孔子智慧与实践智慧》.载《寻根》2003年第6期.
[5]*Nobel Prize winner. said should learn the wisdom of Confucius.* from. *Canberra Times.* January. 24. 1988.

这种人文精神主张，人是既不当神的奴隶、又不成为物的奴隶的人，而是像孔子那样具有独立人格的人，即有主体性的人，有能动性、主动性的人。人来源于动物，又超越于动物，成为有主体性、能动性、主动性的人。正因为这样，人在中国传统文化和孔子思想中，能与天、与地并列，构成中国传统文化和孔子思想中天、地、人系统。

人能与天、地并列构成系统，但主宰不了天、地。"日月东西相从而不已，是天道也"① （日月相从，从东到西或从西到东运行不止，这是规律），人主宰不了；"寒往则暑来，暑往则寒来，寒暑相推，则岁成焉"②，这是规律，人主宰不了；"鱼失水则死，水失鱼犹为水也"③，人也无法主宰。人超越了动物和植物，同样也无法主宰动物和植物：兰花"非以无人而不芳"④，"苟本正，则华英必得其节以秀孚矣"⑤（树的根、干没有问题，那么花朵、果实一定能按时节开放、结果）；"人、禽兽、万物、昆虫，各有以生"⑥，人全都主宰不了，人依然只是生物界的一员，现今约200万个物种的一个。即使是人自己，"众生必死"⑦"死者不可复生"⑧，这个规律谁也改变不了。客观规律必须尊重，这是数千年中国传统文化宝贵的传统，又是中国传统文化的根基。

也正因为此，孔子敬天、亲地、尊山、乐水，崇尚生命，并重技艺、尚俭、把仁爱推广到自然界，构建了他的一套较为系统的天道自然观。

① 《礼记·哀公问》.
② 《周易·系辞下》.
③ （唐）魏徵《论治道疏》.
④ 《荀子·宥坐》.
⑤ 《大戴礼记·少闲》.
⑥ 《大戴礼记·易本命》.
⑦ 《礼记·祭义》.
⑧ 《尚书大传·周传》.

参考文献

[1]顾炎武.日知录[M].上海：商务印书馆.1930.

[2]赵纪彬.论语新探[M].北京：人民出版社.1959.

[3]高亨.诗经今注[M].上海：上海古籍出版社.1980.

[4]司马迁.史记[M].北京：中华书局.1982.

[5]蔡尚思.孔子思想体系[M].上海：上海人民出版社.1982.

[6]陈子展.诗经直解[M].上海：复旦大学出版社.1983.

[7]宋元人注.四书五经[M].北京：北京市中国书店.1984.

[8]金启华.诗经全译[M].南京：江苏古籍出版社.1984.

[9]匡亚明.孔子评传[M].济南：齐鲁书社.1985.

[10]冯友兰.中国哲学史新编[M].北京：人民出版社.1998.

[11]李泽厚.论语今读[M].合肥：安徽文艺出版社.1998.

[12]胡适.中国古代哲学史[M].合肥：安徽教育出版社.1999.

[13]南怀瑾.论语别裁[M].上海：复旦大学出版社.2000.

[14]钱穆.孔子传[M].北京：三联书店.2002.

[15]韦政通.中国思想史[M].上海：上海书店.2003.

[16]骆承烈，骆明.孔里论孔[M].北京：当代中国出版社.2003.

[17]杨伯峻.论语译注（简体本）[M].北京：中华书局.2006.

[18]吴龙辉.孔子语录全编[M].北京：北京图书馆出版社.2007.

[19]李零.丧家狗——我读论语[M].太原：山西人民出版社.2007.

[20]何新.孔子年谱[M].北京：时事出版社.2007.

[21]刘烈.还原孔子[M].太原：书海出版社.2008.

[22]林存光、郭沂.孔子评传[M].北京：中国社会出版社.2010.

[23]孙关龙、宋正海.中国传统文化的瑰宝——自然国学[M].深圳：海天出版社.2012.

[24]林存光.孔子新论[M].北京：人民出版社.2012.

[25]栾贵明辑.子曰[M].福州：福建人民出版社.2013.

[26]陈来.仁学本体论[M].北京：三联书店.2014.

[27]周延良，翟双萍.《周礼》的自然生态观[M].深圳：海天出版社.2015.

[28]孙关龙.《春秋》科学考[M].深圳：海天出版社.2015.

索　引

(按汉语拼音顺序排列)

229

定价：30元

定价：25元

定价：20元

定价：30元

文化丝绸

轻纨叠绮
烂生光

本书以各个时期的遗著经织生考〈经〉、明述经编
这些年大家所风流志现时，证散身过织绫各为
「经」。阐述经编经学身先。
编辑为「在」，「如果必需不会遗失证身处编对时。

袁曦光 ● 著

桂林旅游高等专科学校出版社
漓江出版社

定价：20元

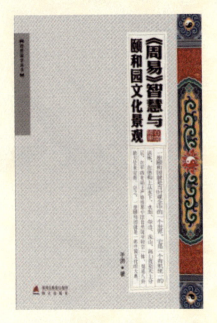

定价：25元

定价：25元

定价：25元

定价：25元

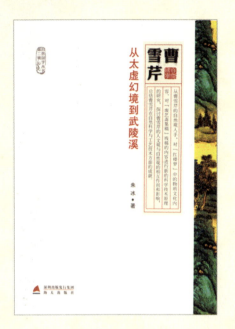

定价：36元

定价：32元

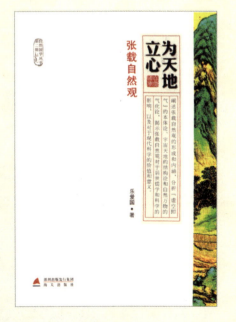

定价：26元

定价：28元

十七世纪的现代学者
徐霞客及其游记

杨文衡 著

定价：26元

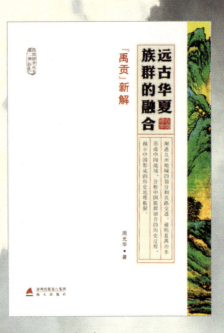

远古华夏族群的融合
「禹贡」新解

周光华 著

定价：28元

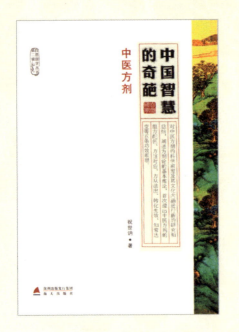

中国智慧的奇葩
中医方剂

祝世讷 著

定价：26元

定价：26元

定价：32元

定价：30元

定价：28元

定价：28元

定价：26元

定价：30元

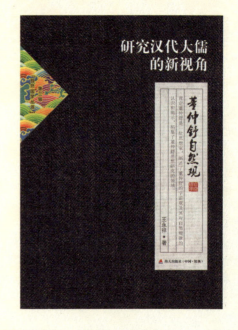

定价：26元

定价：30元

定价：32元

定价：30元

定价：32元

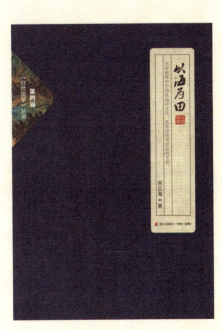

定价：38元

定价：39元

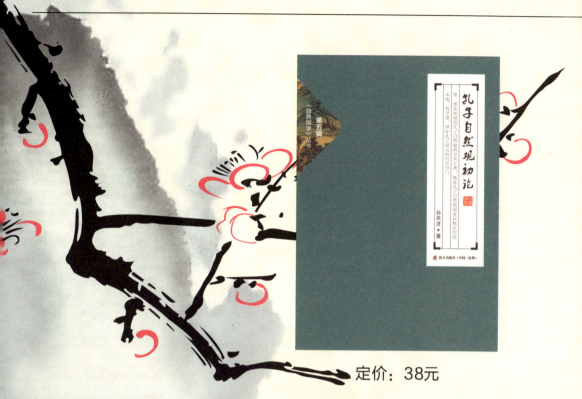

定价：38元

定价：38元

定价：30元

定价：30元

定价：38元

定价：30元

定价：44元